世界の思想家ガイドブック

覚えておきたい 人と思想 100人

スマート版

絵と文　本間康司

執筆・監修　越田年彦

絵と文　　　　本間康司

執筆・監修　　越田年彦

E pur si muove

Galileo Galilei

もくじ

覚えておきたい 人と思想100人 スマート版

あ行
- アウグスティヌス … 6
- アダム・スミス … 8
- アマルティア・セン … 10
- アリストテレス … 12
- イエス … 14
- 石田梅岩 … 16
- 一遍 … 18
- 伊藤仁斎 … 20
- ウィトゲンシュタイン … 22
- 内村鑑三 … 24
- 厩戸皇子（聖徳太子） … 26
- 栄西 … 28
- 王陽明 … 30
- 荻生徂徠 … 32

か行
- カミュ … 34
- ガリレオ・ガリレイ … 36
- カルヴァン … 38
- ガンジー … 40
- カント … 42
- キルケゴール … 44
- キング牧師 … 46
- 空海 … 48
- 熊沢蕃山 … 50
- ケインズ … 52
- ゲーテ … 54
- 孔子 … 56
- 幸徳秋水 … 58
- コペルニクス … 60

さ行
- 最澄 … 62
- サルトル … 64
- 釈迦 … 66
- 朱子 … 68
- シュバイツァー … 70
- 荀子 … 72
- ショーペンハウエル … 74
- 親鸞 … 76
- スピノザ … 78
- 荘子 … 80
- ソクラテス … 82
- 孫文 … 84

た行
- ダーウィン … 86
- 田中正造 … 88
- デカルト … 90
- デューイ … 92
- 道元 … 94
- トマス・アクィナス … 96

な行
- 中江兆民 … 98
- 中江藤樹 … 100
- 夏目漱石 … 102
- ニーチェ … 104
- 西田幾多郎 … 106
- 日蓮 … 108
- 二宮尊徳 … 110
- ニュートン … 112

は行

ハイデッガー	114
パウロ	116
パスカル	118
林羅山	120
ハンナ・アーレント	122
ピコ・デラ・ミランドラ	124
ヒューム	126
平塚らいてう	128
フーコー	130
フォイエルバッハ	132
福沢諭吉	134
プラトン	136
フレーベル	138
フロイト	140
フロム	142
ヘーゲル	144
ベーコン	146
ペスタロッチ	148
ベンサム	150
法然	152
墨子	154
ホッブズ	156

ま行

マキャベリ	158
マザーテレサ	160
マックス・ウェーバー	162
マルクス	164
マルクス・アウレリウス	166
宮沢賢治	168
ミル	170
孟子	172
毛沢東	174
本居宣長	176

や行

ヤスパース	178
山鹿素行	180
ユング	182
吉田松陰	184

ら行

ラッセル	186
ルソー	188
ルター	190
レイチェル・カーソン	192
レヴィ・ストロース	194
レーニン	196
老子	198
ロールズ	200
ロック	202

わ行

和辻哲郎	204

年代順掲載思想家一覧	206
あとがき	209

まえがき

　古今東西、名高い思想家を100人選んでみました。
　まず、どんな人物なのか、読者の皆さんには視覚からとらえいただきたいと思い、大きくイラストで描きました。そしてどんな思想を抱いているのか、それを明らかにするために、その思想を端的にあらわす極めつけの一文を紹介しています。各思想家の人生や思想内容に興味や関心をもっていただければとの思いからこの本をつくっています。
　読者の皆さんは好きなページを拾い読みして下さい。イラストをたっぷりと眺めてみて欲しいです。心に止まる一文を見つけてみて下さい。
　お気に入りの思想家に巡り会えたならばうれしいです。

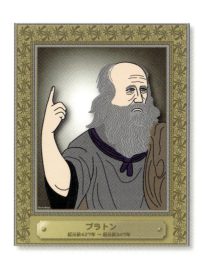

次のページから五十音順で始まります。

アウグスティヌス
初期キリスト教会の教父・神学者

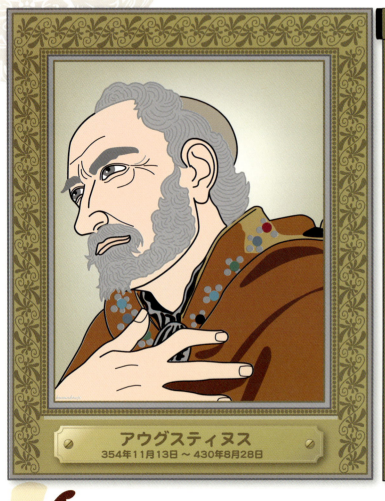

アウグスティヌス
354年11月13日 ～ 430年8月28日

◆（アウグスティヌスの言葉）
何かを欲したり欲しなかったりする場合、欲したり欲しなかったりするのがほかならぬ自分であることはきわめて確実であり、そこに自分の罪の原因があることにだんだんと気がつくようになったのです

　キリスト教は313年、コンスタンティヌス帝により、ローマ帝国で公認されました。それ以後のキリスト教思想の形成において大変重要な役割を果たした人物がアウグスティヌスです。
　アウグスティヌスは、神の恵み（恩恵）にすがる選択を取る以外に人は罪や悪から免れることができないと主張しました。罪を負う人間は神の恵みなくしては救われないとしたのです。この考えはパウロ（→ p.116）の信仰義認説を受け継いだものとなっています。アウグスティヌスのキリスト教思想はパウロの教えと並んで、正統的なキリスト教思想の骨格となっていきました。

6

エピソード

●子供の頃
熱心なキリスト教徒の母モニカと異教徒の父パトリキウスの子としてアルジェリアに生まれ、マニ教や新プラトン主義を遍歴したのち、キリスト教に回心した。

●『告白』
著書『告白』で、青年期にスリルを求めて悪い仲間と群れて、女遊びをしたり、盗みをしたり、罪に溺れた生活を送った悪い少年だったと記している。「盗みにおいて愉快だったのは盗むものではなくて盗むことでした」「禁じられていることをするのが面白かった」「私ひとりだけだったら盗みなどしなかった」「仲間を組むことを愛していたのです」と告白している。

名言集

- ●嫉妬せざる者には恋愛はしえず
- ●自分の実力が不十分であることを知ることが、自分の実力を充実させる
- ●全く知らないものを愛することはできない。しかし、少しでも知っているものを愛するときには、その愛によって、そのものをいっそう完全に知るようになる
- ●良心と名声はふたつの別の事柄です。良心はあなた自身に属するもので、名声はあなたの隣人に属するものなのだから

さらに詳しい内容については
▶ 清水書院 人と思想㊴
『アウグスティヌス』 宮谷 宣史 著
を参照

年 譜

西暦(年)	年齢(歳)	年 譜	参考事項
354		11月13日、北アフリカのタガステに生まれる。父パトリキウス、母モニカ	
373	19	キケロの『ホルテンシウス』を読み、愛知の心燃え立つ。マニ教徒となり、信奉する	
384	30	秋、ミラノ公立学校の修辞学教師に選任されローマよりミラノに移る	
386	32	8月、ポンティキアヌスの訪問を受け、ミラノの庭園でキリスト教に回心	
387	33	4月24日、復活祭の夜、受洗	
391	37	春、ヒッポを訪問。突如として司祭就任を要請される	
392	38	8月、ヒッポでマニ教徒フォルトゥナトゥスとの公開討論	
393	39	10月8日、ヒッポにて平和会堂献堂式を行う 12月3日、第1回ヒッポ会議で説教をする。ドナトゥス派との論争始まる	
395	41		ローマ帝国が東西に分裂する
396	42	ヒッポの司教ヴァレリウスの死後、その後継者となるドナトゥス派の司教ホルティウスとの公開討論	
411	57	1～3月、カルタゴで説教。4～6月、キルタおよびカルタゴにてドナトゥス派に説教。	
416	62	9月、カルタゴ会議出席。9～10月、アフリカの司教60名がミレヴェに集まり、ペラギウス主義者の断罪をインノケンティウス1世に要求	
417	63	9月中旬カルタゴでペラギウス主義者に説教	
427	73	『神の国』完成	
430	76	8月28日、死去	ヴァンダル族、ヒッポ市を包囲

アダム・スミス
イギリスの経済学者「経済学の父」

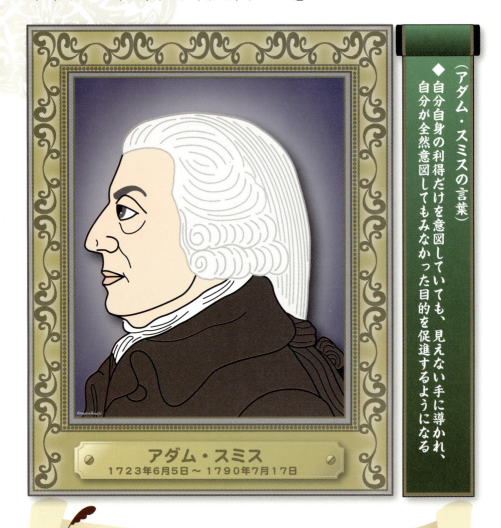

アダム・スミス
1723年6月5日～1790年7月17日

（アダム・スミスの言葉）
◆自分自身の利得だけを意図していても、見えない手に導かれ、自分が全然意図してもみなかった目的を促進するようになる

　アダム・スミスはイギリス（スコットランド）の経済学者・倫理学者です。『諸国民の富（国富論）』の刊行により、スミスは「経済学の父」と呼ばれています。
　当時、イギリスでは重商主義という経済思想が広まっていましたが、スミスはこれを批判したのです。スミスは、富とは金銀のことではなく、「土地及び年々の労働の生産物」のことで、その源泉は労働にあると考えました（労働価値説）。また、貿易や国内産業については、政府の干渉を廃して各人が自分の利己心にもとづいて営利活動を営んでも、「見えざる手」の働きにより、社会全体の利益（厚生）を高める結果を生むとしたのです。

エピソード

●生涯独身

母の胎内にいるとき父を亡くし、母の手ひとつで育てられ、母を大切にして生涯独身で過ごした。「私には、母と友人と読書という三つの楽しみがある。」といって、妻子のない寂しさのことはいわなかった。

●放心癖

三歳のときジプシーに一時さらわれた後遺症のためか、放心癖や独語癖がひどかった。

ガウンのまま家の庭から町の広場まで歩いたとか、朝の散歩で考え事に没頭し、気がつくと隣町の教会でほどこしを受けようとする貧しい人々の列に並んでいたりとか、いくつかの逸話が残っている。

●穏和で優しい人柄

高い収入の割に残された遺産は少なかったが、人に知られぬように多額の金を慈善に差し出していたためであった。

名言集

●人間は取引する動物だ

●労働の生産力という点での最大の改良は、分業にもとづくさまざまな結果にあらわれている

●文明社会は、多くの人間たちの共同と補助の必要につねにさらされている

●群衆の一員でいることは、まったく気楽なことだ

key word　**重商主義**

重商主義は、富とは貴金属（金銀）であるという考えを前提として、外国貿易では貿易黒字を目的に（そうであるならば金銀が自分の国に入る）、保護貿易を主張した。また、国内の産業の発展を特定の事業者に限定するなど、政府による経済活動の規制の必要性を説いた。

年　譜

西暦(年)	年齢(歳)	年　譜	参考事項
1723		スコットランドのカーコールディに生まれる　誕生日は不明だが、洗礼日は6月5日	ファーガスン、ブラックストーン、ドルバック生まれる
1737	14	11月、グラスゴー大学に入学	トマス・ペイン生まれる
1740	17	グラスゴー大学卒業。奨学金をえて、オクスフォード大学のベリオル‐コリッジに入学	ボズヴェル生まれる　オーストリア継承戦争
1748	25	秋からエディンバラで公開講義を行う	ベンサム生まれる
1752	29	道徳哲学の教授の席に移る　グラスゴー文学教会とエディンバラ哲学教会の会員となる	
1757	34	学生の食料（オートミール）への課税に反対して市長と交渉	
1759	36	『道徳感情論』の刊行	
1762	39	グラスゴー大学の副学長となる。法学博士の学位を与えられる	
1770	47	エディンバラ市の名誉市民に押される	ワーズワース生まれる
1773	50	王立学会に正式に入会	
1775	52	ジョンスンの文学クラブに入会	アメリカ独立戦争開始
1776	53	『諸国民の富（国富論）』の刊行	
1787	64	グラスゴー大学総長に就任	
1790	67	7月17日、死去	

さらに詳しい内容については
▶ 清水書院　人と思想⑭　『アダム＝スミス』　浜林 正夫・鈴木 亮 共著　を参照

9

アマルティア・セン
インド生まれの経済学者

アマルティア・セン
1933年11月3日～

（アマルティア・センの言葉）
◆純粋な経済人は事実、社会的には愚者(おろかもの)に近い

　アマルティア・センはインドで生まれ、イギリスやアメリカでも活躍している経済学者です。
　経済学では、自分の利益を最大にしようとする行為を合理的であると考えます。「ホモ‐エコノミクス（純粋な経済人）」はとはこうした行為をする人間のことです。しかし、センは彼らを「合理的な愚か者」だというのです。何故ならば、私達は自分の利益だけではなく、家族を思い、隣人や仲間に気遣い、世界の人々の行方も心配しているし、自分の利益を割いてでも社会正義の実現を追究したりします。こうした人間観から、センは、共感とコミットメントという考えを打ち出しました。

エピソード

●ノーベル経済学賞
貧困と飢餓に関する研究についての貢献を称えて、1998年、アジア初となるノーベル経済学賞を授賞。専門は厚生経済学。幼少の頃の経験をもとに、飢餓との戦いに挑んだ経済学者であったことから「経済のマザーテレサ」と呼ばれることも。

●「アマルティア」
アマルティア・センのアマルティアとは「永遠に生きる人＝不滅の人」という意味で、名付けたのは1913年に「ギーターンジャリ」でアジア人初のノーベル賞（文学賞）を授賞したラビンドラナート・タゴール。

●妻
最初の妻はナバニータ・デーウ・センで、有名な作家で学者。二人の子供をもうけたが、1971年にロンドンに移ってからしばらくして、結婚生活は終わりに。
1973年、エヴァ・カラーニと再婚。二人の子供をもうけたが、1985年にエヴァは胃がんにより死亡。センは一人で、末っ子を育てた。
現在の妻はエマ・ジョージナ・ロスチャイルド。第3代ロスチャイルド男爵ヴィクターの娘で、経済史学者、アダム・スミスの専門家、ハーヴァード大学教授など、多くの肩書をもつ。

名言集

- 最も重要な問いかけは、「問いを問う」ことです。なぜ自分は、この問題に興味を覚えるのか、どうしてこの問いを問いたいと思うのかと

- 自分自身の信条として、学生には日ごろからこう言っています。「いつもわくわくできる課題に取り組まなければならない」と。飽きるようではいけないので、私は博士論文なども早く仕上げさせます。それから「経済学の特定分野に閉じこもるのではなく、努めて関心を幅広く持て」とも勧めています

- 経済学という分野は、数学に随分依拠するものであるのです。私が多くを学んだ森嶋道夫氏（ロンドン在住の経済学者）は、経済学者の多くがあまりにも現実離れした領域で抽象的思考へ走りがちになることをいつも注意していました

key word　共感とコミットメント

センが取り上げたこの例で説明すれば、共感とは、他人の苦悩を知った時に私自身の気持ちが暗くなる、そういう心情のことである。コミットメントとは、他人の苦悩を知ったことによって私自身の境遇が悪くなるわけでないが、その他人の苦悩を取り除こうと真剣に考え、行動に出ることを指す。

年　譜

西暦(年)	年齢(歳)	年　譜	参考事項
1933		当時イギリス領のインドのベンガルに生まれる	
1934	1		ネルー，国民会議派の指導者となる
1935	2		新インド統治法
1942	9	ベンガル大飢饉を経験し，経済学を志す	
1947	14		インド独立
1948	15		ガンジー，暗殺
1959	26	ケンブリッジ大学・トリニティカレッジにて博士号を取得	
1970	37	『集合的選択と社会的厚生』刊行	
1977	44	オックスフォード大学で教鞭をとる	
1987	54	ハーバード大学教授	
1999	65	アジア人初のノーベル経済学賞受賞	
2001	68	国連「人間の安全保障委員会」共同議長国連「人間の安全保障委員会」創設	
2006	73	『人間の安全保障』日本語版刊行	

アリストテレス
古代ギリシャの哲学者「万学の祖」

アリストテレス
紀元前384年 ～ 紀元前322年

（アリストテレスの言葉）
◆人間は生まれながらにして知ることを欲する

　アリストテレスは古代ギリシャの哲学者です。彼は現実の世界で起こる事実や私たちの経験をもとに自然の営みや社会の諸現象を捉えます。従って、その思想は経験主義的であり、現実主義的です。例えば、自然は土、水、火、風からできあがっており、土や水は下にあろうとする本性を持ち、火、風は上にあろうとする本性を持つと考えます。素朴ですが、経験や観察にもとづいて自然を捉えています。
　人間に対しても現実的な見方をしており、アリストテレスは学ぶ、知識を得るという営みは人間の特徴であると見ました。そして、理性を働かせて物の本質を捉えようとする観照は、「知らんがために知る」営みであるとして高く評価しました。

エピソード

●学問の父
プラトンの弟子。哲学だけでなく、論理学、倫理学、政治学、数学、天文学、気象学、生物学、修辞学など、あらゆる分野にわたって研究したことから「学問の父」「万学の祖」と呼ばれた。

●「アリストテレスの提灯」
ウニの体の下の方に5枚の歯が生えた口があり、ウニはその口を使って藻などを食べる。この口器の構造を調べたアリストテレスが「皮を張る前のランタン（提灯）」のようだと例えたことから、その名がつけられた。

●アレキサンダー大王
マケドニア王の要請で若きアレキサンダー大王の教育係も務めた。

●哲学書のはじまり
残っているのはほとんどが講義ノートのような著作で、論文風の哲学書はアリストテレスからはじまるとも言える。

名言集

●真理は私たちをとりまく世界にこそ住まう
●自然の作用にもとづくあらゆるものは、おのずから可能なかぎりよいものだ
●あらゆる行為は、以下の七つの原因のどれかにしたがうのでなければならない。すなわち、機会、本性、強制、習慣、考量、怒り、欲望のいずれかにだ
●国家の運命は、青年の教育にかかっている
●心の垣根をつくるのは、相手ではなく自分である
●自然には何の無駄もない
●希望とは、目覚めて抱く夢をいう
●人間は本性上ポリス的動物である

●アレキサンダー大王
（前356～前323）
マケドニアの国王。オリエントを含む大帝国を作り、ヘレニズム文化を形成した。

年譜

西暦(年)	年齢(歳)	年　譜	参考事項
紀元前384後半	1	アリストテレス、マケドニアに生まれる	
?	?	父母をうしなう。プロクセノスが後見となる	
367	17	プラトンの学園であるアカデメイアに入学。エウドクソス（?）に師事する。以後20年間アカデメイアで学ぶ	プラトン、シシリー旅行へ
354	30	対話篇『グリュロス』、『エウデモス』	プラトン、第三回シシリー旅行
347	37	アタルネウスの僭主ヘルミアスをたよりにアソスに赴く（プラトン死去前に）。以後、遍歴時代となる	デモステネスの反マケドニア党、アテネの政権を掌握。5月ごろプラトン死去
345	39	レスボス島ミチュレネへ テオフラストスとともに生物学の研究に従事	
?	?	マケドニアに移る	
343	41	マケドニア王フィリップの招請を受け、アレキサンダー（13歳のちの大王）の教育係となる	
341(?)	43(?)	ピチアスと結婚	メントル揮下のペルシア軍、ヘルミアスを攻め、これをペルシアに送る
335	49	アテネに帰り、リュケイオンを開設し講義開始	
323	61	アテネを逃れ、母の故郷エウボエアのカルキスへ	アレキサンダー大王死去。反マケドニア運動再燃
322	62	胃病のため死去（10月以前か？）	マケドニア駐屯軍、アチカにはいり、九月運動を鎮圧。10月デモステネス死去

さらに詳しい内容については
▶ 清水書院　人と思想⑥　『アリストテレス』　堀田 彰 著　を参照

イエス
キリスト教の創始者

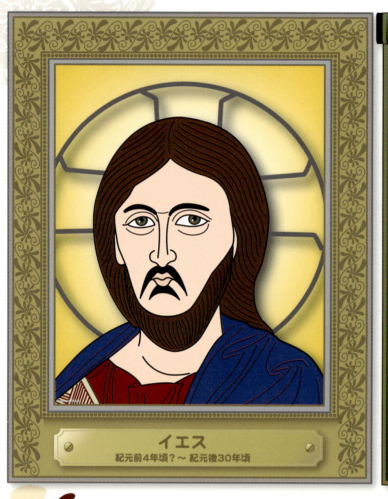

イエス
紀元前4年頃？ 〜 紀元後30年頃

（イエスの言葉）
◆あなたの隣人をあなた自身のように愛せよ

　隣人が恋人や親、友人であるならば、イエスが唱える隣人愛とは平凡な考えにすぎません。イエスの言う隣人愛は、敵や差別されている人々をも愛の対象にしているところに特徴があるのです。
　イエスが生きていた社会では、律法（きまり）を守ることを重視するユダヤ教が信仰されていました。そうしたユダヤ教社会のなかでイエスは愛を説き、その異端ゆえに、ゴルゴタの丘で処刑されたのです。のちに、信奉者の間から、イエスこそわれわれが待ち望んでいた救世主であるとの見方が広まりました。イエスを救世主（キリスト）とするキリスト教はこうして誕生するのです。

エピソード

●イエスの研究
人間イエスの研究が始まったのはここ200年余りと比較的歴史が浅い。それまでキリスト教会の権威の下で聖書の記述はすべて正しいと信じられていて、学術的、批判的な研究は避けられてきたため。研究資料としては『新約聖書』にある4つの福音書や、外典とよばれるいくつかの福音書などがある。

●クリスマスはイエスの誕生日?
イエスの誕生日はクリスマスの12月25日とされているが、4世紀ころに聖書の記述から誕生日を推定して定められた祭りだが、異論が多く、季節すらわからないというのが実情。

名言集

● 自己への信頼こそ成功の秘訣である
● いつも喜んでいなさい。絶えず祈りなさい。どんなことにも感謝しなさい
● いつも与えなさい。そうすれば、人々はあなた方に与えてくれるでしょう
● 人はパンのみによって生きるのではない。神の口より出る一つ一つの言葉によって生きるのです

> さらに詳しい内容については
> ▶ 清水書院 人と思想⑦
>   『イエス』 八木 誠一 著 を参照

年譜

西暦(年)	年齢(歳)	年譜	参考事項
前27			アウグストゥス(〜14)
前4ごろ		ベツレヘムで生まれると伝えられる。	のちにナザレに住む
後27ごろ	30?	ヨハネから洗礼を受け、その後ガリラヤ地方で布教	ティベリウス(〜34)
		みずからユダヤ教の王(メシア)と名乗ったという偽証により、宗教的罪に問われる	
30ごろ	33?	ローマに反逆する者として、ゴルゴダの丘で十字架にかけられ処刑される	

key word　新約聖書

『旧約聖書』とともにキリスト教の経典である文書。イエスの生涯と教えを伝える「福音書」4巻、教会の歴史(「使徒行伝」)、パウロらの手紙21巻、預言書の27巻からなる。紀元2世紀後半に原型ができ、4世紀末にほぼ現在のものとしてまとめられた。新約とは旧約に対して、神がイエス=キリストを通して新しく全人類と交わした契約のことである。

key word　アガペー

キリスト教における愛の中核をなすことばで、キリストの愛として『新約聖書』に示された思想。一般にギリシャ的愛であるエロスと対比される。アガペーは、完全な神が罪ある人間に対して施す愛であり、純粋に無動機で、非打算的なものである。

キリスト教に関する人びと

イエス
(1世紀前半)

パウロ
(1世紀ころ)

アウグスティヌス
(5世紀)

トマスアクイナス
(13世紀)

ルター
(16世紀前半)

カルヴァン
(16世紀)

石田梅岩
石門心学を開く

石田梅岩
1685年10月12日〜1744年10月29日

◆（石田梅岩の言葉）
世界のために三つ要る物を二つにてすむようにするを倹約と言う

　石田梅岩は、江戸時代の思想家で、梅岩の築いた思想を心学といいます。
　それはもっぱら町人の思想です。身分差別がある江戸時代において、営利活動、商業に従事する町人は蔑まれる風潮が強くありました。しかし、彼は町人が受け取る利益とは武士が受け取る俸禄と同じで、何ら不当なものではないと論じたのです。利益をとらないのは商人の道ではないと断言し、町人は物資の流通を担うという重要な役割があるとして商業活動を擁護しました。
　梅岩は、武士であれ町人であれ、人々が体得しなければならない最も重要な道徳は倹約だとしました。倹約とは私欲を抑えた道徳であることから、心正しく直な在り方（＝正直）に立ち返ることでもあるとしています。

エピソード

●社会教育の草分け
11歳の時、京都の商家に丁稚奉公をするが、途中で止め田舎に帰る。再び23歳の時、京都の商家に奉公し、独学で儒教を学んだ。後に小栗了雲に師事。1729年に悟りを開き、京都の自宅で質疑問答をまじえながら、集まってきた町人たちに無料で講釈し「商人に商人の道あること」を教えた。その教えは心学と呼ばれ、江戸後期に全国に広まった。日本における社会教育(生涯学習)の草分けとなる。

●松下幸之助
「経営の神様」といわれた松下幸之助が、生涯にわたって学び、かつ尊敬した人物が石田梅岩。

●父の教え
律儀で正直な父親の影響を受けて育った。十歳の頃、自家の山と他家の山との境で栗を拾い、分別なく拾って来たと父に叱られ、すぐに栗を返しに行ったというエピソードも。また、父の影響で、子どもの頃から律儀でまじめだったらしく、奉公先のおばあさんから「たまには外に出かけてみたら」と夜遊びをすすめられたという。

名言集

●負けるが勝ち
●学んで商人の道を知れば、貪欲な心はなくなり、仁の心で仕事を努めるようになり、道を外れることなく栄えるのである。これが商人の学問の徳である
●売値がその時その時で変わるのは相場があるからである。相場は天の成すところで、商人が自ら決められるものではない。だから利益をどれだけと一律に決めることはできない
●お客さんを粗末にせずに正直に努めれば、八割方はお客さんの満足を得ることができる。そのうえで商売に精を出せば、生活の心配などないのだ
●仕入れ時にはキズを大げさに言って仕入れ値を下げ、販売時にはそれを黙って売る。このような道を外れた不正がたくさんある。だからこそ学問をして正すのだ

心学の講義の図
7歳以上の男女が別々の席に分かれて講義をうけている様子。
(手島堵庵『前訓』より)

年譜

西暦(年)	年齢(歳)	年譜	参考事項
1685		丹波国の農家に生まれる	最初の生類憐みの令
1691	7		湯島聖堂完成
1695	11	京都の商家に奉公に出るが4年で帰郷	
1707	22	再び京都の商家に奉公に出る この頃、仏教者小栗了雲に会い、指導を受ける	
1717	33		荻生徂徠、古学派・古文辞学派を創始
1727	43	奉公先を去り、学問に専念	
1729	45	京都で無料の私塾を開き、心学(石門心学)を提唱	
1732	48		享保の飢饉
1736	52	手島堵庵が師事、のちに『男子女子前訓』を著す	
1739	54	『都鄙問答』を刊行	
1744	59	『倹約斉家論』を刊行	
	60	死去	

一遍
いっぺん

鎌倉時代の時宗の開祖

一遍
1239年3月21日 ～ 1289年9月9日

（一遍の言葉）
◆名号は信ずるも信ぜざるも、唱ふれば、他力不思議の力にて往生す

　一遍は法然（→ p.152）、親鸞（→ p.76）に継ぐ、浄土教の教えを唱えた鎌倉時代の高僧であり、時宗の開祖でもあります。生涯に渡り、北は東北岩手から南は九州鹿児島まで日本の諸国を遍歴し、各地で自分の教えを説きました。一遍の諸国遍歴を遊行といいます。これにちなんで、一遍は遊行上人とも呼ばれました。
　一遍にとって、大切なことは、「南無阿弥陀仏、南無阿弥陀仏」と仏の名（名号）を唱えること（念仏）なのであり、阿弥陀仏への信仰の有無ではありません。ここに同じ浄土教の親鸞の教えとの違いがあります。
　一遍の念仏は、踊り念仏といって、鉦をたたき、踊りながら念仏を唱えます。踊りと念仏の熱狂の中で、人々は極楽往生を願ったのです。

エピソード

●体型
絵巻物などを見ると、鋭い目つきで背が高く、猫背ぎみのやせた身体に描かれているが、赤ん坊の頃はまるまると太っていてニコニコ笑うかわいい男の子だった。

●布教の方法
一遍が教えを広める方法は賦算といって、「南無阿弥陀仏・決定往生（必ず浄土に生まれるの意味）六十万人（一遍が掲げた布教の目標）」と書かれている念仏札を人々に配る方法であった。この札を受け取れば、極楽往生が約束されると人々は信じた。

●生涯
長年の遊行賦算に肉体を酷使しつづけた結果の栄養失調で50歳の生涯を終える。一生の間、権力者に近づくことはなく、貧しい民衆に救いの手をさしのべ、何の報酬も期待せず、自分の住む家も寺も妻子もなく、一宗一派も形成せず、身にただ破れ衣ひとつをまとっての大往生だった。

名言集

● 阿弥陀仏の名号を称え、一切衆生に流動すべし
● 六道輪廻の間には　ともなふ人もなかりけり　独りむまれて独り死す　生死の道こそかなしけれ
● 花のことは花にとへ。紫雲のことは紫雲にとへ
● 没後のことは、わが門弟におきて葬礼の儀式ととのうべからず。野にすててけだものにほどこすべし
● 生ぜしも独りなり　死するも独りなり　されば人と共に住するも独りなり

踊り念仏を躍る一遍

年譜

西暦(年)	年齢(歳)	年譜	参考事項
1239		豪族の子として伊予国に生まれる	
1244	5		越前に大仏寺（のちの永平寺）建立、道元が招かれる
1251	12	太宰府に移り、浄土宗を学ぶ	
1253	14		日蓮、日蓮宗を開く
1260	21		日蓮『立正安国論』
1263	24	還俗し、伊予に戻る	
1271	32	再度、出家	
1274	35	念仏を勧める遊行を始め、時宗を開く	日蓮、身延山に久遠寺を開く
1276	37	九州各地で勧進、時衆を結成	
1279	40	空也の伝承にならい、信濃国で踊念仏を開始	
1282	43	鎌倉入りを拒絶される	鎌倉に円覚寺建立
1284	45	京都に入り、踊念仏を行う	
1289	50	摂津国にて死去	

● 鎌倉時代のいわゆる新仏教の開祖たち

浄土宗・法然

浄土真宗・親鸞

曹洞宗・道元

臨済宗・栄西

日蓮宗・日蓮

伊藤仁斎
江戸時代の儒学者（古義学派）

伊藤仁斎
1627年8月30日 ～ 1705年4月5日

（伊藤仁斎の言葉）
◆不忠信則人道不立
（忠信なければ則ち人道立たず）

　伊藤仁斎は江戸時代の京都の儒学者で、古義学派という学派を開きました。家業の材木商を営むものの、30歳の時に弟に家業を継がせ、以後は古義堂という名の私塾で教えました。生涯、幕府や大名に仕えることはありませんでした。
　仁斎は、孟子や孔子の教えは忠信という言葉に盛り込まれていると考えました。仁すらも忠信を基礎にして初めて完全なものとなると仁斎は主張したのです。忠信とは誠のことであり、人と接する場合には、二心なく謙虚に臨むことであり、何かを行う場合には、純真な気持ちで精一杯に取り組むことを言います。忠信こそ我々が日々の生活で心掛けなければならない倫理であり、忠信に従って生きるならば我々は人道に従っているのです。

エピソード

●子だくさん
40歳を過ぎて結婚。1男2女をもうけたが、52歳のときに妻が死去。数年後、再婚して更に4男1女をもうけた。末子で五男の蘭嵎（らんぐう）が生まれたのは仁斎が68歳の時。5人の男子は皆、儒学者となる。東涯（原蔵）、梅宇（重蔵）、介亭（正蔵）、竹里（平蔵）、蘭嵎（才蔵）で、世上「伊藤の五蔵」と称された。

●古義堂
京都堀川の私宅に古義堂という私塾を開き、全国から集まった門人たちを指導。仁斎に直接学んだ人数は約40年間で三千人にのぼったといわれている。

名言集

- ●我よく人を愛せば、人また我を愛す
- ●仁者は常に人の是を見る。不仁者は常に人の非を見る
- ●およそ物の得失、必ずこれを久遠（きゅうえん）に徴（ちょう）すべくして、一時をもって究むめからざるなり
- ●人各々能、不能あり、我れ孔明たる能はず、孔明我れたる能はず

年　譜

西暦(年)	年齢(歳)	年　譜	参考事項
1627		京都に材木商の子として生まれる	
1630	3		中江藤樹、陽明学を提唱
1638	11	朱子の四書『大学』を学ぶ	
1641	14	孔子・孟子の儒学を学ぶことを志す	
1655	28	病のため、家業を弟に譲って書物を読みふける	
1662	35	京都に私塾（古義堂、堀川塾ともいう）を開き、古学を提唱	
1666	39		山鹿素行『聖教要録』
1670		長男伊藤東涯誕生、のちに古義堂を継ぐ	
1683	56	『論語古義』『孟子古義』が完成	
1691	64	『童子問』が完成	
1704	77	荻生徂徠より手紙を受け取るが、疑心を抱かれる	
1705	78	死去	

key word　古義学派

伊藤仁斎は初めは、中国の宋の時代に発達した朱子学を学んだのだが、それに飽きたらず、孔子や孟子の思想を著す『論語』や『孟子』といった儒学の古典に立ち返るべきだと主張し、特に、『論語』や『孟子』に記されている漢字の本来の意味を理解すべきことを説いた（これが古義学派の主旨）。

key word　理と道

朱子学では理（規則、ルール）に従う生き方を当然のこととするが、仁斎に言わせれば、杓子定規になってしまい、かえって窮屈である。これは残忍で薄情なのであり、優しさがない。これは善は善で悪は悪だと断定する立場である。そうではなく、寛容の心が必要である。これは心を広く持って、多少の悪事は大目に見ていくなど、善悪の判断に厳格さを必ずしも求めない。そして、人々の関係や社会とはこうした原則で成り立つのだと考える。そして、寛容の心をもって生きることが人道に適うものだと主張した。理ではなく道の強調である。

ウィトゲンシュタイン
オーストリア出身の哲学者

ウィトゲンシュタイン
1889年4月26日 ～ 1951年4月29日

◆（ウィトゲンシュタインの言葉）
語りえぬものについては、沈黙せねばならない

　ウィトゲンシュタインはオーストリア出身の哲学者で、『論理哲学論考』が代表作です。その著作の最後の言葉が上の一文です。
　'語ることのできないもの' があるということは、'語ることのできるもの' があることを意味します。実際、彼は『論考』で言語作用の吟味検討を行い、'語ることのできるもの' を考察しました。しかしそれは '語ることのできないもの' が何なのかを明らかにするためなのです。その '語ることのできないもの' とはもっぱら超越者を指示する意味をもった「倫理」のことです。それは語ったり、思考を巡らせて把握できる世界には属さない何者かで、宗教や神秘性が存在しうる余地を主張しています。

エピソード

●家庭環境
8人兄弟の末っ子。父は鉄鋼業でばく大な富を築き上げた。だが、子供たちはみな繊細で芸術家、学者タイプで鬱病や自殺の傾向があり、4人の兄のうち、3人が若くして自殺している。

●代表作『論理哲学論考』完成のあと
哲学界から身を引く。父の遺産をすべて寄付してしまい、小学校の先生や庭師をして生計を立てた。だが、数学者ブラウワーの「数学や論理は客観的な秩序ではない。人の意志の表れである」という講演を耳にしたことがきっかけで新たな哲学の構築に挑んだ。

●遺言
1951年、癌を患い62歳で死去。「すばらしい人生が送れたよ、とみんなに伝えてください」と遺言を残す。死後2年がたち、愛弟子たちにより『哲学研究』が刊行された。

名言集

- ●私の言語の限界が私の世界の限界だ
- ●人生の問題の解決は、問題の消失というかたちでみてとられる
- ●論理学は学説の本体ではなく、世界の鏡像だ
- ●人間は言語において一致する。それは意見の一致ではなく、生活形式の一致である
- ●思考しえぬことを我々は思考することはできない。それゆえ、思考しえぬことを我々は語ることもできない

> さらに詳しい内容については
> ▶ 清水書院　人と思想⑯
> 『ウィトゲンシュタイン』
> 岡田　雅勝　著　を参照

年　譜

西暦(年)	年齢(歳)	年　譜	参考事項
1889		4月26日、ウィーンに生まれる	ヒトラー生まれる
		幼年時代は家庭教師による教育を受ける	
1906	17	シャルロッテンブルク工科大学入学	
1908	19	マンチェスター大学工学部の研究生となる	
1912	23	ケンブリッジ大学のトリニティ - カレジに入学	
1914	25	第一次世界大戦の際、東部のガリシア戦線に従軍。『論考』の草稿となった「日記 1914-1916」を書き始める	第一次世界大戦はじまる
1918	29	イタリア軍の捕虜となり、捕虜収容所に収容される	
1919	30	釈放され、ウィーンに戻る。教員養成学校に入る	ワイマール共和国成立
1920	31	小学校の教師となる	
1922	33	「自然哲学年報」に『論理哲学論考』を掲載『論理哲学論考』を英訳つきで出版	
1929	40	ケンブリッジ大学に再入学。博士号を取得	世界恐慌
1930	41	トリニティカレッジで講義。春から夏にかけて、『哲学的考察』を書く。リサーチ - フェロー（特別研究員）に選出	
1932	43	『哲学的文法』Iを書き上げ、続いてIIの執筆を開始	
1936	47	リサーチ - フェローが終わり、収入源を断たれる。『哲学的探究』の執筆開始	
1939	50	哲学の教授となる。イギリス国籍を取り、帰化	第二次世界大戦
1945	56	『心理学の哲学』の執筆開始	国際連合発足
1949	60	『探究』II部の最終稿完成	ドイツが東西に分裂
1950	61	『確実性の問題』の執筆	
1951	62	4月29日、死去	

内村鑑三
うちむらかんぞう
明治の無教会派のキリスト教者

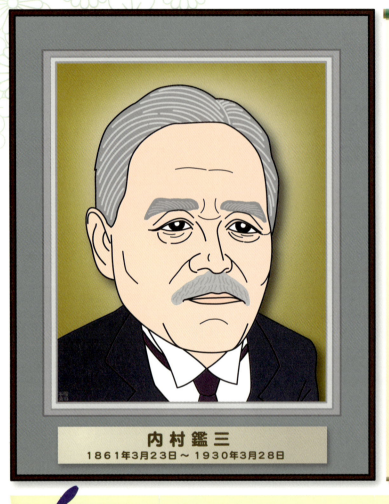

内村鑑三
1861年3月23日 ～ 1930年3月28日

（内村鑑三の言葉）
◆私は二つのJを愛し、その他を愛しない。一つはイエスであり、一つは日本である

　内村鑑三は日本を代表するキリスト教思想家です。とはいえ、内村は特定の教派、教団に属しません。教会組織や洗礼などの儀式を認めず、自分の信仰の拠り所を聖書に語られたイエスの言行にのみ見いだしたのです。彼のキリスト教が無教会主義といわれるゆえんです。
　内村は、キリスト教徒であるとともに、日本人であることを常に意識していました。キリスト教（イエス（Jesus））と日本（Japan）、この二つのJを拠り所として、内村は明治大正昭和の激動の時代を生き抜きました。内村のいう愛国心は「日本を正義に於て世界第一の国」にするためのものです。その正義の心はイエスの教えと共通しています。「二つのJ」は内村の心の内では1つに結びついていたのです。

エピソード

●熱心なクリスチャン
札幌農学校（現・北海道大学）に入学したとき、多くの先輩はキリスト教に入信していた。同期の新渡戸稲造らが早々に入信するのに対し、最後までこばみつづけたが、結局は熱心なクリスチャンに。

●不敬事件
1891年、第一高等学校（現・東京大学教養課程）の式典で天皇直筆の署名に最敬礼しなかったことが問題になり学校を去ることに。鑑三は敬礼したものの、それが「最敬礼」ではなかったために大きく報じられ世の批判をあびた。

●性格
一度決めた事は絶対にかえない強い意志の持ち主。世渡り下手。

名言集

● 日本、世界を日本化しようとするか、あるいは世界に世界化させられるか。これは日本国民の死活問題だ

● 恐るべきものは政治家に非ず、彼等は権力の阿従者なり。正義の主張者に非ず、彼等は権力の命令に杭して何事をもなし得る者に非ず

● 家庭は日本人大多数にとりては幸福なる処ではなくて、忍耐の処である

● 正義は事業より大なるものなり。否な、正義は大事業にして、正義を守るに勝る大事業のあるなし

● 病むものは汝一人ならざるを知れ

● 貧は自由の伴侶である。束縛は富に伴ふ者である

● 愛に恐怖なし。最上の道徳なればなり

> さらに詳しい内容については
> ▶ 清水書院　人と思想㉕
> 　『内村鑑三』 関根正雄 著　を参照

年　譜

(年齢は数え年)

西暦(年)	年齢(歳)	年　譜	参考事項
1861	1	3月23日、上州高崎藩士内村宜之の長男として江戸に生まれる	南北戦争、リンカン大統領に就任
1874	14	3月、東京外国語学校に入学	1月、板垣退助等民撰議院設立建白
1877	17	9月、札幌農学校に入学	西南戦争
1878	18	6月2日、受礼、洗礼名としてヨナタンを選ぶ	自由民権運動高まる
1884	24	3月28日、浅田タケと結婚。10月、離婚	6月、鹿鳴館時代始まる
1887	27	7月、アマスト大学卒業、特にB・S（理学士）の称号を受ける 9月、ハートフォード神学校に入学	旧約聖書の和訳成る 12月、保安条例公布
1889	29	東洋英和学校、東京水産伝習所、明治女学校で教える 7月31日、横浜加寿子と結婚	明治憲法発布
1891	31	1月9日、第一高等中学校不敬事件。4月19日、妻加寿子死去	
1892	32	9月、大阪の泰西学館に赴任。12月23日、岡田シズと結婚	
1902	42	2月、日英同盟の締結に反対し、国民に警告する	1月30日、日英同盟締結
1903	43	6～10月、日露非開戦論、戦争絶対反対論を『聖書之研究』、『万朝報』に発表（非戦論）	
1904	44	日露戦争後も引き続き非戦論を提唱	
1920	60	ダニエル書、ヨブ記を講ず	日本、国際連盟に正式加入
1930	70	3月28日、死去 遺志により『聖書之研究』は4月号（357号）でで終刊 4月6日、内村鑑三聖書研究会は解散	2月、第2回普通選挙 4月、ロンドン海軍軍縮条約調印

16歳の時、「青年よ大志を抱け」の言葉で名高いクラーク博士が教頭を勤めた札幌農学校に入学する。そこで、キリスト教に入信した。23歳の時、アメリカ・アマースト大学に留学し、当時の総長の影響から、キリスト教信仰を確たるものにした。

厩戸皇子（聖徳太子）

飛鳥時代の政治家

聖徳太子
574年2月7日 ～ 622年4月8日

◆（厩戸皇子（聖徳太子）の言葉）

和をもって貴しとし、忤うことなきを宗とせよ

　厩戸皇子（聖徳太子）の父親は用明天皇、母親は穴穂部間人皇女。両親とも欽明天皇の子どもであり、蘇我稲目の孫に当たります。仏教に関わった家柄であることから、厩戸皇子の思想には仏教の影響を認めることができます。例えば、厩戸皇子が定めた十七条憲法の第2条で「篤く三宝を敬え」（誠意をもって仏と経典と僧侶を尊敬するように）と説いているのはその証拠です。

　しかし、厩戸皇子を貫く思想は仏教ばかりではありません。この「和をもって貴しとし」の主張は日本の美徳をあらわしていると言えるでしょう。あるいは、儒教の影響をそこに垣間見る解釈も可能です。

エピソード

●厩で生まれた
母の体内に救世観音が入って身ごもり、厩（馬を飼う小屋）の前で生まれた。

● 10人の言葉を同時に聞いた
一度に10人の訴えを聞いて、そのすべての言葉をもらさずに理解し、的確にこたえた。

●神馬に乗り空を翔けた
諸国から推古天皇に献上された数百頭の馬のなかから神馬を見抜いた。その神馬に聖徳太子が乗ると天高く飛び上がり空を翔けた。

●お札の顔
1930年の百円札から1986年に発行が終了となった一万円札までの56年間にわたって日本紙幣の顔として7回登場。

●未来を見通す
未来を見通す力をもっていて、予言書を書き残しているとうわさになった。その予言書が「未来記」と「未然記」で、聖徳太子が建てた法隆寺と四天王寺に秘蔵されていた。「絶対に見てはならない」というおきてを破り、四天王寺蔵の「未来記」を見た最初の人物は南北朝時代の武将、楠木正成。

名言集

●一人断ずべからず、必ず衆と共に宜しく論ずべし
●佞しく媚ぶる者は、上に対ひては即ち好みて下の渦を説き、下に遭ひては則ち上の失を誹謗る
●一人の人間を救うことに大きな意味はないかもしれない。目の前に倒れている人間を、放っておくような男に日本は救えない。政治から志を奪ったら一体何が残るのか

key word　　遣隋使の派遣

　厩戸皇子は中国（当時は隋）に大和王朝の使節を派遣し、隋との外交関係を深めようと努める。また、学問や技芸の発展や統治制度の整備のために、留学生を積極的に送り込んだ。このように、厩戸皇子は外来の文化と積極的に接触し、それを国政に活かそうとするなど進取の気性に富んだ人物だったのである。

年　譜

西暦(年)	年齢(歳)	年　譜	参考事項
574		用明天皇の皇子として生まれる	
585	11		拝仏派の物部氏、仏寺・仏像を焼く
587	13	蘇我氏とともに、物部氏を滅ぼす	
592	18		推古天皇即位
593	19	推古天皇の摂政となる、四天王寺を建立	
594	20	仏教隆盛の詔	
596	22		飛鳥寺建立
600	26	第1回遣隋使を派遣	
601	27	斑鳩宮を造営	
602	28		百済の僧が暦法を伝える
603	29	冠位十二階を制定	
604	30	十七条憲法を制定	
607	33	小野妹子ら第2回遣隋使派遣、法隆寺を建立	
610	36		百済の僧が紙・墨の製法を伝える
615	41	『三経義疏』	
620	46	『天皇記』『国記』撰上	
622	48	斑鳩宮で死去	

栄西（「ようさい」とも読む）
鎌倉時代の臨済宗の開祖

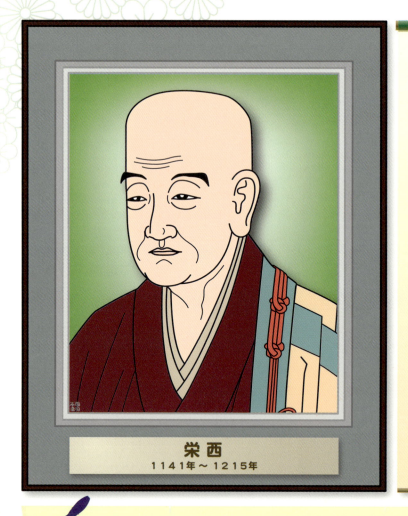

栄西
1141年～1215年

（栄西の言葉）
◆専心に坐禅せば則ち必ず道を得ん

　栄西は鎌倉時代の僧侶で、禅宗の一派である臨済宗の開祖です。その教えは当時の鎌倉幕府の将軍である源頼家や北条政子らに信仰されました。
　栄西と同じ時代には法然（→p.152）が活躍していましたが、栄西はあくまでも、仏陀の教えを初めとする様々な決まりや約束を守り（これを持戒という）ながら、自分の力で悟りを開き、解脱することを求めました。これが栄西の教えの基本です。そして、悟りを開き、仏になるための修業が坐禅なのです。お経を読み、そこから悟りを導くのではなく、文字に頼らず（不立文字）、心を無にして、坐禅に専心すれば悟りを得ることができる。栄西は宋（当時の中国）に渡り臨済禅に出会い、こうした教えを自分のものにしました。

エピソード

●禅
1168年、宋（中国）に留学した際、南宋禅に興味をおぼえ、いったん帰国したが禅への関心が高まり1187年に再び宋（中国）へ。臨済宗の僧から禅の教えをうけ、帰国後は禅の布教に力をつくした。

●お茶
宋（中国）へ渡った際、お茶の種を持ち帰り、茶の湯で用いられる抹茶の製法や、お茶のたて方を日本に初めてもたらした。栄西はお茶を薬であるとして日本に伝えた。『喫茶養生記』という著書もある。

●逸話
弟子の道元は師栄西について、次のような逸話を紹介している。ある時、餓死寸前の貧しい者が栄西のもとに救いを求めてやってきた。しかし、あげるべき衣類や食物もなかったので、栄西は薬師像に使うはずの銅をあげたのである。弟子たちは栄西を非難したが、栄西は"このようなことをしたら、自分は死後、苦悩の世界に陥ってしまうかも知れないが、人々の飢えを救えるならばそれでいい"と語ったという。

名言集

- ●大いなる心や。天の高さは極むべからず。而るに心は天の上に出ず
- ●三世の諸仏有る事を知らず、狸奴白牯、かえって有ることを知る
- ●天地、我を待つて覆載し、日月我を待つて運行し、四時我を待つて変化し、万物我を待つて発生す。大いなるかな心や
- ●人間は所詮百八の煩悩を持っている凡夫なのだから、まず、他の動物たちのように、総てを捨て去って自然のままの姿になりなさい
- ●茶は養生の仙薬にして廷齢の妙術なり

key word 『興禅護国論』

栄西の主著。禅宗に対する弾圧に反論、戒律の実践を主張し、禅を体系的に解説、禅が鎮護国家に役立つことを論じている。

年譜

西暦(年)	年齢(歳)	年譜	参考事項
1141		神官の子として備中国（今の岡山県）に生まれる	
1154	13	比叡山に出家、得度	
1168	27	南宋に留学	
1175	34		法然、浄土宗を開く
1177	36	『無明集』を著す	
1187	46	再度、南宋に留学、インド渡航は許されず	
1191	50	臨済宗の印可を受け帰国、九州を中心に布教	
1194	53	禅宗停止の宣下等の弾圧を受ける	
1195	54	博多に日本最初の禅道場である聖福寺を建立	
1198	57	『興禅護国論』を著して、禅宗停止に反論	
1200	59	北条政子建立の寿福寺の住職となる	
1202	61	源頼家の支援で京都に、禅・天台・真言三宗兼学の建仁寺を建立、臨済宗を開く	
1206	65	東大寺勧進職につく	
1207	66		建永の法難→承元の法難？
1212	71		法然死去
1214	73	『喫茶養生記』が完成といわれる	
1215	74	死去	

王陽明
おう よう めい
中国・明代の儒学者

王陽明
1472年～1529年1月10日

（王陽明の言葉）
◆ わが心の良知とは、いわゆる天理に他ならず

　王陽明は朱子（→p.68）の没後、約300年後に生きた中国・明の時代の儒学者で、彼の儒学を陽明学といいます。朱子学は、性即理と定式化し、心を性と情の二つからなると考えるとともに、外部の世界を対象にすえて理を知ろうとしました。これに対して、王陽明は、心即理（心の本体は万物の根拠たる理に他ならない）であると主張し、自分の心の内面を深く追究するべきことを訴えました。人間は生まれながらにして善悪を的確に判断する能力（良知）を持っています。これは我々の心それ自体が万物の根拠たる理（天理）に通じている証拠です。そこで、人は心に宿る理を自覚し、これを存分に発揮するように行動するべきだと王陽明は主張するのです。

エピソード

●幼年期
幼年時代はヤンチャだったと言われる。官僚の父を持ち、早くから朱子学を学ぶ。
武官として官僚コースを歩みながら実践的儒教を説く。晩年は持病の肺の調子が思わしくなく、肺病で死去。

●陽明学
陽明学は、江戸時代の日本にも広く伝えられ、中江藤樹、熊沢蕃山、大塩平八郎、吉田松陰らは、陽明学を信奉した。
とくに、理論と行動を一体にとらえる陽明学の考えを実践したのが、大塩平八郎である。大阪町奉行所の与力であった大塩は奉行所の悪政や大商人たちの強欲さに憤りを覚え、1837年、反乱をおこした（大塩平八郎の乱）。

 key word 知行合一（ちこうごういつ）

真に知ることは必ず実行を伴う。知と行とは表裏一体で別のものではないという説

名言集

●実行の中にのみ学問がある。行動しなければ学問ではない
●山中の賊を破るのは易く、心中の賊を破るのは難し
●君子は自身の考えを行動をもって示すが、小人はただ口で言うだけに過ぎない
●ただ静かに心を養おうとしても、事が起これば、心は外の力で圧倒される。人は常に実際に起こる物事の上で、自己を磨くべきだ。そうすることで心が確立する
●反省は病を治す薬だが、大事なのは過ちを改めるということだ。もし悔いにとらわれているだけなら、その薬が元で別の病がおこる
●人生の大病は、「傲（ごう）」の一字に尽きる
●友に対するに、相手に学ぶようにつきあえば成長が得られるが、相手の上に立とうとするのは悪いことになるだけだ
●友というものは、欠点を指摘したりするよりは、むしろ助けたり励ましたりすることに重点を置くべきだ
●子を養いて方に父の慈を知る

年譜

西暦(年)	年齢(歳)	年譜	参考事項
1472		現在の浙江省に生まれる	
1484	12	母が死去	
1487	15		孝帝（弘治帝、〜1505）
1498	26	儒学のほか兵法も学ぶ	
1499	27	科挙に合格	
1505	33		武帝（正徳帝、〜1521）
1506	34	政府批判で投獄、竜場に配流され、「心即理」「致良知」「知行合一」（教の三変）を悟る	
1508	36	朱子学の格物論を否定	
1510	38	官界に復帰	
			宦官の横暴がはげしくなる
1515	43	江西・福建地方の農民反乱鎮圧を開始	
1518	46	『伝習録』を著す	
1519	47	寧王の乱を鎮圧	
1521	49		世帝（嘉靖帝、〜1566）
1526	54	越州に陽明書院を建てる	
1527	55	広西の匪賊（ひぞく）を討伐	
1528	56	匪賊討伐の帰途に死去	

荻生徂徠
おぎゅうそらい

江戸時代の儒学者（古文辞学派）

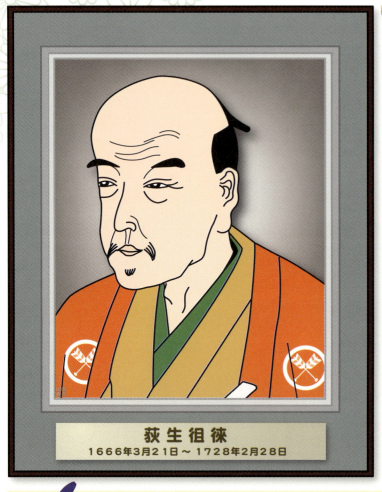

荻生徂徠
1666年3月21日 ～ 1728年2月28日

（荻生徂徠の言葉）
◆ 孔子の道は先王の道なり。先王の道は天下を安んずるの道なり

　荻生徂徠は江戸時代の儒学者で、古文辞学という学派を築いた人です。
　荻生徂徠は山鹿素行（→p.180）や伊藤仁斎（→p.20）と同じく、朱子学に頼らずに、中国古代の古典である『六経』（儒学の古典である易経、書経、詩経、礼、楽経、春秋のこと）に立ち返り、それらの綿密な文章や文字の解釈を行ったのです（これを古文辞学といいます）。つまり中国古代の文献に儒学の真髄を求めたのです。
　徂徠の進める儒学は古代中国の風習や政治制度の研究です。それは「天下を安んずるの道」、すなわち、当時の君主の経世済民（世の中が平和で、人民が豊かに暮らすこと）の術を明らかにすることです。ここに儒学は個人の仁徳を説く学問を超えて天下国家を論じる統治の術、政治哲学になったのです。

エピソード

●豆腐

江戸へ出て長屋に小さな私塾を開いた徂徠だったが、田舎出の若い学者に月賦を払って通う者などいるはずもなく貧乏に。それを気の毒に思った豆腐屋の夫婦が毎日おからと売れ残った豆腐をとどけてくれた。徂徠はこの恩を忘れず、出世してから毎月３升の米を豆腐屋の夫婦に届けつづけた。

●ほめてのばす

弟子の「いいところ」をほめてのばすことを一番に考え、「強い個性をもたないで、すぐれた発想は生まれない」と、細かい生活態度などはうるさくいわなかった。

●学問以外の趣味

学問以外の趣味をたずねられ、「古今の偉人の悪口を語ることですかな」と答えたという。

名言集

- ●人を用うるの道はその長所をとりて短所はかまわぬことなり。長所に短所はつきてならぬもの故、短所は知るに及ばず。ただよく長所を用うれば天下に棄物なし
- ●志なき人は聖人もこれを如何ともすることなし
- ●豆をかんで古今の英雄を罵るを以ってもっとも痛快とす
- ●米は米にて用に立ち、豆は豆にて用に立つ
- ●朋友の間、総じて人と人との間は、疑うを以って離れ、信ずるを以って合申候事、人情の常に候

年　譜

西暦(年)	年齢(歳)	年　譜	参考事項
1666		館林藩主時代の徳川綱吉の侍医の子として江戸に生まれる	
1679	13	父が流罪となり、上総国に転居	
1690	24		林信篤に私塾と孔子廟の湯島移転を命ずる
1691	25		林信篤、大学頭
1692	26	父が許され江戸に戻り、儒者として増上寺の門前に私塾を開く	
1696	30	側用人柳沢吉保に仕える	
1704	38	伊藤仁斎に手紙を送るが、疑心を抱く	
1709	43	柳沢吉保が失脚し、日本橋に私塾の蘐園塾を開く	
1712	46		新井白石『読史余論』
1716	50		徳川吉宗、享保の改革
1717	51	古学派・古文辞学派を創始	
1721	55	幕府の命で明の教育書『六諭衍義（えんぎ）』の訓点を行う	
1727	61	『三五中略』の校正を行う	
		『政談』完成、徳川吉宗に献じる	
1728	62	死去	

key word 🔍　経世済民

世を経おさめ、民を済すくうこと。荻生徂徠は学問の目的は経世済民でなくてはならないと説いた。彼は、古文辞学の立場から「六経」を研究し、その結果、聖人の道とは道徳のことではなく、天下を安んずる営み、すなわち経世済民のことであり、具体的には「先王」とよばれる古代中国の理想的君主たちが定めた政治制度のことであるとした。そして道を行うというのは、先王が古代に行ったように、天下を安んずるに有効な制度を定めることであると主張し、この意味から彼の学問は「経世済民の学」とよばれる。

カミュ
フランスの不条理作家

カミュ
1913年11月7日～1960年1月4日

（カミュの言葉）
◆いわゆる神、ひとびとの選びとる生活、ひとびとの選ぶ宿命——そんなものに何の意味があろう

　カミュはアルジェリアで生まれ育ち、フランスの文壇で活躍した小説家です。
　代表作の『異邦人』（1942年発刊）の反響は大きく、カミュは一躍有名小説家となりました。主人公ムルソーは、アルジェ近郊の浜辺で一人の男を銃で殺害します。その犯行理由は、頰が焼け、汗が噴き出すほど太陽の光が強烈だったからという不条理（理屈が通らぬこと）なものでした。主人公にとって、人間の生きる意味、人々の既成の価値観、道徳など意味がないわけです。
　カミュはサルトル（→ p.64）と同時期に活躍し、主題が不条理であることから、実存主義者と見なされがちですが、実存主義を否定する作品も書いています。

エピソード

●略奪婚
友人の婚約者を略奪して21歳で結婚したが、妻は夜遊び好きで、麻薬中毒者だった。

●最年少でノーベル文学賞
人間社会に存在する不条理について書かれた『異邦人』が評判を呼び、史上最年少（44歳）でノーベル文学賞を受賞。だが、そのことで精神的に疲弊。密室恐怖症になる。受賞から３年後、自動車事故で即死。カバンには書きかけの「最初の人間」が遺されていた。

key word ✐　不条理

　カミュの思想の基本的立場。人生や世界の意味や希望をみい出せない状態。

名言集

● 人生に意味などなければ、人生はずっと生きやすくなるだろう

● 高みをめざす闘いは、人間の心を満たすのに十分なものだ

● あれほど多くの苦しみにさいなまれながら、それでもなおかれの顔が幸福であるように見えるのはどういうわけだろう

● 人は口に出すことによってより、口にださないことによっていっそうその人をあらわす

● 人間には、それぞれ運命があるにしても、人間を超越した運命というものはない

● 世間に存在する悪は、大半がつねに無知に由来するもので、明識がなければ、よい意志も同じほどの多くの被害を与えることもありうる

年　譜

西暦(年)	年齢(歳)	年　譜	参考事項
1913	0	11月７日、農業労働者リュシヤン＝カミュとスペイン系のカトリーヌ＝サンテスを父母として、アルジェリアのモンドヴィ近郊で生まれる	
1933	20	アルジェ大学文学部に進学	ドイツではナチスが政権を取り、ヒトラーが首相となる。後に総統となる
1934	21	シモーヌ＝イエと恋愛、叔父の反対を押し切って６月に結婚（後に離婚）	
1935	22	政治に関心を持ち、共産党に入党。	フランス人民戦線の活動が隆盛を見る
1938	25	日刊紙「アルジェ‐レピュブリカン」の報道員としての仕事にたずさわる	
1939	26	オダン事件、エル＝オクビ事件など、冤罪裁判に関する取材や執筆で注目を集める「アルジェ‐レピュブリカン」紙廃刊。これが「ソワール‐レピュブリカン」（夕刊紙）となり、そのメンバーとなる	第二次世界大戦勃発
1940	27	「ソワール‐レピュブリカン」紙発行停止処分。パリで「パリ‐ソワール」紙の印刷技術的な仕事にたずさわる12月、フランシーヌ＝フォールと結婚	従軍したサルトル、捕虜となる６月、政府はパリを無防備都市として宣言
1942	29	『異邦人』を発表	
1952	39	フランシス＝ジャンソンの『反抗的人間』に関する書評をきっかけに、《カミュ・サルトル論争》に発展	
1957	44	10月、ノーベル文学賞受賞	
1960	46	１月３日、自宅のあるルールマランから、ミシェル＝ガリマールの車でパリに向かう途中、交通事故により死去	

さらに詳しい内容については
▶ 清水書院　人と思想⑰　『アルベール＝カミュ』　井上 正 著　を参照

ガリレオ・ガリレイ
イタリアの物理学者・天文学者

（ガリレオの言葉）
◆その書（宇宙）は数学の言語で書かれている

ガリレオ・ガリレイ
1564年2月15日〜1642年1月8日

　　ガリレオは17世紀イタリアの物理学者・天文学者であり、哲学者でもあります。物理学や天文学の分野で、その果たした役割はあまりにも大きいのです。
　　物体の落下距離は落下時間の2乗に比例するという落体の法則や、外から力が加わらなければ運動している物体は等速直線運動を続けるという慣性の法則の発見は、物理学でのガリレオの業績の筆頭といわれています。また、天文学の分野では自らが製作した望遠鏡で、木星の4つの衛星を発見しました。さらにコペルニクス（→ p.60）が唱えた太陽中心説（地動説）を支持していたことはあまりにも有名な話です。

エピソード

●口げんか屋
大学時代のあだ名は「口げんか屋」。数学や物理の話になると、どんなに偉い人が相手でも自分の考えをずけずけと言っては声をはり上げ、議論をふきかけることから。

●趣味
絵を描くこと、リュートを弾くこと。軟禁中もこの2つには親しんでいたという。リュートとは、弦をはじいて音を出す日本の琵琶に似た楽器。

●性格
陽気で親切。いつも冗談を言っていた。人なつこく気さくな性格。威厳を出すため講師になってからヒゲを生やした。自分の考えは遠慮なくずけずけ言う。

名言集

●それでも地球は動いている
●どんな真実でも、発見してしまえば誰でも簡単に理解できる。大切なのは、発見することだ
●どうして君は他人の報告を信じるばかりで、自分の眼で観察したり見たりしなかったのですか
●人にものを教えることはできない。できることは、相手の中にすでにある力を見出すこと、その手助けである
●私は学ぶべきものがない人に、まだ会ったことがない
●責任を取れない人間は、科学者であってはならない！

年譜

西暦(年)	年齢(歳)	年譜	参考事項
1564		2月15日、イタリアのピサに生まれる	
1581	17	ピサ大学で医学を学ぶ	
1583	19	ピサの聖堂のつり下げられたランプを見て振り子運動の等時性を発見	
1589	25	ピサ大学教授、ピサの斜塔で落体の実験を行う	
1592	28	パドヴァ大学教授	
1600	36		地動説を支持したジョルダーノ・ブルーノが火刑となる
1609	45	望遠鏡を発明	ケプラーが惑星運行の法則を確立
1610	46	メディチ家に招かれ、研究に専念	
1616	52	1回めの宗教裁判で地動説の撤回を求められる	
1632	68	『天文対話』を著す	
1633	69	『天文対話』について、2回めの宗教裁判がおきる。ローマに幽閉される	
1636	72	『新科学対話』を著す	
1637	73	両目の視力を失う	
1642	78	死去	

同時代の人物たち

●シェークスピア
1564～1616
イギリスの劇作家。
主著『ヴェニスの商人』『ハムレット』ほか。

key word　それでも地球は動いている

ガリレオは、その主著である『天文対話』において、地動説（地球が太陽のまわりを回っている）を論理的に記載した。1633年、この記述について宗教裁判（異端審問）が開かれ、地動説撤回の最初の宗教裁判の結果に違反していることなどから有罪とされた。裁判終了後、彼は空を見上げ、地上を指さして「（それでも）それ（地球）は動いている」と言ったという。

カルヴァン
フランスでの宗教改革の推進者

カルヴァン
1509年7月10日～1564年5月27日

（カルヴァンの言葉）
◆われわれは…神の栄光をまし加えるようにしなくてはならない

　フランス北部で生まれたカルヴァンは、ルター（→ p.190）と並んで、ヨーロッパの宗教改革を進めたキリスト教の神学者です。その教えは今日のプロテスタント（新教）の神学思想の土台となっています。
　カルヴァンによれば、救われて永遠の幸いを得ることができる者とそうでない者は神によって予め定められているのです（予定説）。このように神は絶対の力を持ちますが、それに引き替え人は無力なのです。そこでカルヴァンは人は神に一切をゆだねるべきであることを説いたのです。人が出来ることは、この世で、神の栄光を広めることであり、それは世俗の仕事に禁欲的に励むことにより実現されるというのです。

エピソード

●『キリスト教綱要』

マルティン・ルターと並び評されるキリスト教宗教改革の指導者。スイスのジュネーヴ大学の創立者としても知られる。

1536年、自身の聖書解釈やキリスト教理解のエッセンスをまとめた『キリスト教綱要』を刊行。その中で、神の絶対性、聖書中心主義、予定説などを説いている。

●宗教改革の広まり

ルター派が西欧の一部地域に止まったのに対して、カルバン派は欧米各地に広まる。カルバン派キリスト教徒はフランスではユグノー、オランダではゴイセン、イングランドではピューリタンと呼ばれた。特に、イングランドのピューリタンは本国でピューリタン革命（1642-49）を導くとともに、一部はアメリカに移住して、アメリカ建国の担い手になるなど、歴史の表舞台で活躍する。

名言集

● 神を知る認識と、われわれ自身を知る認識とは、互いに結びあったものであって、分割することができない

● 私たちは神から多くの祝福を期待するが、神の無限の寛容さはいつも私たちの願いや考えを上回る

● 人間は全て望み通り満たされると、生活を楽しむことに深入りしてしまい、神のことや永遠のことを思わなくなる。そこで神は私たちを包んでいるものを少しずつ剥ぎ取って、神を思い、永遠を仰ぐようにしてくださる

● 空や大地の一切の被造物が、神の摂理によって、治められるばかりではない。神は、人間の計画や意志をも自身の定めた目標に向かうように支配する

> さらに詳しい内容については
> ▶ 清水書院　人と思想⑩
> 　　『カルヴァン』　渡辺 信夫 著　を参照

年　譜

西暦(年)	年齢(歳)	年　譜	参考事項
1509		7月10日、フランス北部に生まれる	
1517	8		ルター、宗教改革開始
1523	14	パリ留学、ルターの福音主義にふれる	
1529	20		ルターとツヴィングリのマールブルク会談
1531	22	ブールジュ大学卒業	
1533	24	演説の原稿作成するが告発され、スイスに逃亡	
1534	25	檄文事件、フランスで宗教改革に対する弾圧　檄文事件による弾圧で再びスイスへ	イエズス会結成
1536	27	バーゼルで『キリスト教綱要』初版出版、1559年まで改訂・増補される	
		ジュネーブでファレルに要請され、宗教改革を行う	
1538	29	ジュネーブ市と対立し、ファレルらとともに追放	
1541	32	ジュネーブに帰還、以後神政治を行う	
1542	33	『ジュネーブ教会信仰問答（第二のカテキズム）』	
1549	40	『礼典の問題についての一致信条』	イエズス会のザヴィエルによる日本伝道
1552	43	『神の永遠の予定について』	
1553	44	異端としてセルベトを告発、処刑する	
1555	46	ルター派の牧師ヴェストファルと論争	アウグスブルクの宗教和議
1559	50	ジュネーブの市民権を獲得	
1560	51		スコットランドにカルヴァン派の長老主義教会成立
1564	55	5月27日、死去	

ガンジー
インドの独立運動の指導者

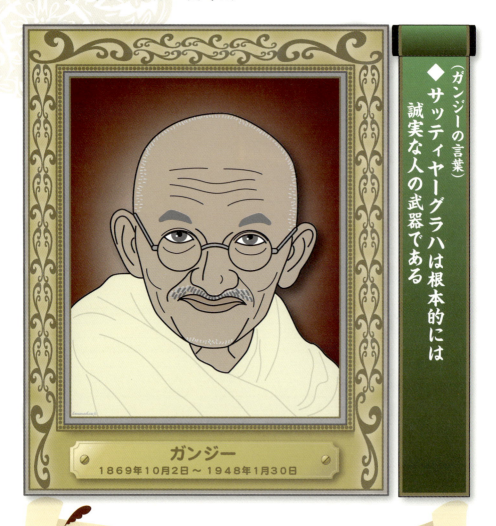

ガンジー
1869年10月2日 ～ 1948年1月30日

◆（ガンジーの言葉）
サッティヤーグラハは根本的には誠実な人の武器である

　インドは18世紀半ばより、イギリスの植民地にされ、人々は200年もの間不当にも人権を抑圧されていました。そのインドの人々を独立に導いたのはガンジーです。
　ガンジーが政治闘争を行ううえで掲げた理念が「サッティヤーグラハ」で、"真実と愛から生まれる力"という意味です。また、政治闘争の手段として採った考えがアヒンサー（不殺生）とブラフマチャリアー（自己浄化）です。アヒンサーとは、暴力に訴えることなく、しかし、服従はしないという抵抗運動のことです。ブラフマチャリアーとは本来は人間が持つ欲望を抑えることですが、抑制のきいた秩序ある政治闘争を行うことを意味しています。

エピソード

● 13歳で結婚

父はボルバンダルという藩王国の宰相を務めた人で比較的裕福な家庭で育つ。当時、インドには幼少婚という風習があり、13歳で結婚している。夫としてのガンジーはかなり嫉妬深かったようで妻が許可なく外出することを許さなかった。

名言集

●無暴力とは、悪を行う人間の意志におとなしく服従することでない。暴力者の意志に対して、全霊を投げうつことである

●明日死ぬと思って生きなさい。永遠に生きると思って学びなさい

●弱い者ほど相手を許すことができない。許すということは、強さの証だ

年　譜

西暦(年)	年齢(歳)	年　譜	参考事項
1869		10月2日インドのボルバンダルに生まれる	
1882	13	同年齢の商人の娘と結婚	
1885	16		第一回インド国民会議開催（国民会議派）
1889	20	菜食主義に興味をもつ	
1891	22	弁護士の資格をえて、インドへ帰国	
1893	24	商社の顧問弁護士として南アフリカへ渡り、インド人への差別を初めて体験	
1899	30	南アフリカ（ブール）戦争にインド人野戦衛生隊を組織して参加	南アフリカ（ブール）戦争（〜1902）
1904	35		ベンガル分割（〜1905）
1906	37	ヨハネスバーグで最初のサッティヤーグラハ闘争を展開	全インド‐ムスリム連盟結成
1907	38		国民会議派分裂
1915	46	インドに帰国後最初のサッティヤーグラハ闘争開始	
1916	47		会議派、穏健派と急進派に再分裂
1918	49	インドで最初の断食、以後断続的に実施	
1919	50	第一回全インド的サッティヤーグラハ闘争を計画するが、「ヒマラヤの誤算」のため延期 スワデーシ（国産品愛用）運動開始	ローラット法成立。アムリットサール事件、インド統治法制定
1920	51	全インド自治連盟総裁に選ばれる	
1921	52	会議派大会で対英非協力のサッティヤーグラハ闘争の決議を採択し、第二回全インド的サッティヤーグラハ闘争開始 ボンベイで外国製衣類を焼き、シャツならびに帽子をかぶることをやめ、インド風の腰衣だけを着用	
1930	61	不服従十一か条声明。380kmに及ぶ「塩の進軍」開始	第一回円卓会議
1935	66		新インド統治法公布
1941	72	非暴力の原則声明 第五回全インド的サッティヤーグラハ闘争を決定	
1944	75	最後の獄中で夫人が死去	
1947	78		インド、パキスタン分離独立
1948	79	1月30日、ヒンズー教徒に暗殺される。遺灰は聖なるガンジス川に流される	

さらに詳しい内容については
▶ 清水書院　人と思想㉘　『ガンジー』　坂本徳松 著　を参照

カント
ドイツ観念論の哲学者

カント
1724年4月22日～1804年2月12日

◆〈カントの言葉〉
君の意志の格率がいつでも同時に普遍的立法の原理として妥当するように行為せよ

　カントはドイツを代表する哲学者です。彼の偉大な業績の１つが道徳論です。
　あなたが立てた行動の方針（これを格率という）はだれにでも通用しますか、通用するならばその方針に従って行動しなさい。通用しないのならば、その方針に従って行動してはいけません、と上の文で彼は言っています。例えば、「返済のあてがないが金を借りてもかまわない」という行動方針は、金を貸した側にとって通用しないので道徳法則とはなりません。私たちはこれにもとづいて行動してはならないのです。
　人間はこのように自分で行動の方針を立て、自らを律して行動することができるのです。カントはこの点に人間の尊厳を見いだしました。

エピソード

●規則正しい生活
大学教授になった頃からは朝5時に起きて夜10時に床につくまで講義、食事、散歩、読書など時間割りが決まっていて、死ぬまで30余年の間、変わらなかった。決まった道を決まった時間に散歩するので散歩道の人びとはカントの姿を見て時計代わりにしたという。

●ビール嫌い
誰かが死ぬたびに「きっとビール飲みだったんだろう」と言って、ビールのせいにしていた。

●異常なチーズ好き
食後にはかかすことができないほど好物で、チーズを食べすぎて腹をこわし、危篤状態に陥った。医者にチーズを止められると、身の回りを世話をするヴァジンスキーに、「少しでもチーズをくれれば1グルテン、1ターラー、いやそれ以上出してもよい」と強要した。

●80年の生涯を独身
死ぬ間際、弟子が水で割ったブドウ酒をもらい、それをおかわりした後、「これでよい」と言ってこの世を去った。

名言集

● 二つの世界がある。私たちの身体と外界だ
● 人間理性は、退けることができないが、答えることもできない問いによって混乱させられる
● 理性は、それ自身の計画にもとづいて生みだすものについてしか洞察をもたない
● 成功に至る第一歩は、自分が心で何を望んでいるかを見つけ出すことです。それがはっきり分からないうちは、何を期待しても駄目でしょう
● 友情関係は、同等関係である
● 天才とは自ら法則を作るものである
● 正義が滅びるなら、人はこの世界に住む必要はない
● 努力によって得られる習慣のみが善である

同時代の人物たち

● フィヒテ
1762～1814
ドイツ観念論の哲学者。
主著『ドイツ国民に告ぐ』

年譜

西暦(年)	年齢(歳)	年　譜	参考事項
1724		カント、ケーニヒスベルク（現、カリーニングラード）に生まれる	
1732	8	コレギウム-フリデリキアヌムに入学	
1740	16	ケーニヒスベルク大学に入学	フリードリヒ大王即位
1746	22	大学卒業。『活力の真の測定についての考察』（卒論）	
1747	23	家庭教師として生活がはじまる	
1755	31	ケーニヒスベルク大学私講師	
1766	42	王室図書館の副司書となる（～72）	
1770	46	倫理学・形而上学の正教授となる	ヘーゲル生まれる
1781	57	『純粋理性批判』刊行	
1786	62	ケーニヒスベルク大学学長となる	
1787	63	ベルリン王立科学学士院会員	
1788	64	『実践理性批判』刊行	
1794	70	宗教に関する講義・著作を禁じられる	フィヒテ『全知識学の基礎』
1796	72	老衰のため講義をやめる	ラプラスの星雲説
1804	80	2月12日、死去	

さらに詳しい内容については ▶ 清水書院　人と思想⑦　『カント』　小牧 治 著　を参照

キルケゴール
実存哲学の創始者

キルケゴール
1813年5月5日 ～ 1855年11月11日

〈キルケゴールの言葉〉
◆私がそれがために生き、そして死ぬことを心から願うようなイデー（理想）を見出すことが必要なのだ

　キルケゴールはデンマークの哲学者で、実存哲学の創始者と位置づけられています。
　彼は、真理を主体的に問えと訴えます。私にとっての真理を問うことが重要なのであり、人間共通の普遍的真理は問いの対象足り得ないというのです。人間の本質の論議よりも、今ここを生きる主体＝実存に生きる主体のあり方を問わねばならないとした考えは、実存哲学の共通した考えです。
　キルケゴールにとって、実存に生きる主体のあるべきあり方は、このように主体的に問う、主体的に生きるあり方に他なりません。キルケゴールの実存思想は「主体性は真理である」の一言に尽きます。

エピソード

●婚約破棄
レギーネ・オルセンと出会い、恋に落ち、3年後には婚約したが、自分は憂鬱気質のせいで結婚生活に耐えられなくなるなどの理由で、一方的に婚約を破棄。それでも生涯愛しつづけるという不可解な関係だった。

key word 「大地震」とは

父ミカエルは最初の妻の死後、1年もしないうちに女中であったルンと結婚し、4か月後には第1子を産んだ（キルケゴールはその末子）。いわば喪が明けていないなかでの「できちゃった婚」であり、この事実を知ってしまったキルケゴールはこの体験を「大地震」と呼んだ。

名言集

●人間とは精神である。精神とは何であるか。精神とは自己である。自己とは自分自身に関わる一つの関係である
●女性の本質は献身であるが、その外形は抵抗である
●裏切り者の中で最も危険な裏切り者は何かといえば、全ての人間が己自身の内部に隠しているところのものである
●人間は思想を隠すためでなく、思想を持ってない事を隠すために語ることを覚えた
●もし、人間の心のうちに永遠者がいなかったら、人間は絶望し得なかったであろう
●絶望である事を知らない絶望。言いかえれば、人が自己を、しかも永遠的な自己を持っているという事についての絶望的な無知

年譜

(年齢は数え年)

西暦(年)	年齢(歳)	年譜	参考事項
1813	1	5月5日、父ミカエル、母ルンの7人兄弟の末っ子としてコペンハーゲンで生まれる	
1830	17	10月、コペンハーゲン大学神学部に入学 11月、親衛隊に入隊するが身体虚弱の判定で除隊	フランス7月革命 ドイツ産業革命に入る
1835	23	6～8月にかけて北シェランの各地を旅行し、実存的理念にめざめる 帰宅後に深刻な「大地震」体験	
1837	25	5月、レギーネ・オルセンと出会う	
1840	27	大学神学部の牧師試験に合格 レギーネ・オルセンと婚約（1841年婚約破棄）	ゴールドシュミットが風刺新聞『コルサール』紙を創刊 アヘン戦争
1843	30	『あれか、これか』刊行	
1846	33	1月、『哲学的断片への結びとしての非学問的あとがき』出版	1月、「コルサール」紙がキルケゴールを誹謗中傷する記事を記載
1849	36	『死に至る病』刊行	
1955	42	1～5月、『祖国』でデンマーク国教会を痛烈に批判 10月、街路上で昏倒 11月11日午後9時、死去	フリッツ＝シュレーゲル、デンマーク領西インド諸島の総督に任命され、レギーネ夫人とともにコペンハーゲンを去る

さらに詳しい内容については
▶ 清水書院　人と思想⑲　『キルケゴール』　工藤 綏夫 著　を参照

●その後の実存哲学者

ニーチェ
(1844-1900)

ヤスパース
(1883-1969)

ハイデッガー
(1889-1976)

サルトル
(1905-1980)

ボーボワール
(1908-1986)

キング牧師
アメリカ公民権運動の指導者

マーティン・L・キング
1929年1月15日〜1968年4月4日

◆（キング牧師の言葉）
私には夢がある。いつの日か、この国は立ち上がり、「我々は自明の真理としてすべての人は平等に創られている」という、あの独立宣言の一文の本当の価値を実現することを

　1963年8月のワシントン行進は公民権運動が頂点に達したことを示す出来事でした。首都ワシントンのリンカーン記念館に20万人以上の黒人らが集まり、議会での公民権法の通過と雇用のうえでの人種隔離政策の廃止を訴えたのです。この集会でキングは"私には夢がある"という演説を行いました。
　キングが公民権運動を率いるなかで、彼が貫いた方針が2つあります。1つは、暴力に訴えることなく抵抗すること（非暴力抵抗）。もう1つは、「汝の敵を愛せよ」というキリスト教の人道主義です。これは白人と黒人が等しく手を携えて共生することを求めたものなのです。

エピソード

●非暴力主義とノーベル賞

学生時代にインド独立の父、ガンジーの考えに共感し、非暴力主義を人種差別撤廃の武器にしようと決意。12年間、公民権運動の指導者として暴力を否定し続けた功績によって1964年にノーベル平和賞を受賞した。

名言集

●憎悪は憎悪をうみ、暴力は暴力をうみ、頑迷はますます大きな頑迷をうみだす

●勇気ある人は、恐れに真正面から立ち向かうことによって、恐れに打ち勝つことができる

●悪への非協力は、善への協力と同じほどの道徳的義務だからである

●何もしないくせに神にすべてのことをしてほしいと望むのは、信仰ではなくて迷信である

key word 公民権運動

アメリカは、合衆国憲法で奴隷制度や人種差別の禁止が定められていたが南部の州では人種隔離政策が第二次世界大戦後も続いた。バスの座席は前後で白人と黒人に分けられ、それぞれ別々の公立学校にも通っていた。1954年アメリカ連邦最高裁判所は公立学校の隔離政策を憲法違反と判断した（ブラウン判決）。これをきっかけに人種隔離・差別の制度や政策を撤廃しようとする公民権運動が高まった。

年 譜

西暦(年)	年齢(歳)	年　譜	参考事項
1929		1月15日、父マーティン＝ルーサー＝キング一世の長男として、ジョージア州アトランタに生まれる	世界大恐慌起こる（～32）
1947	18	エベネザー-バプテスト教会牧師の父の助手となる	
1948	19	2月、バプテスト教会牧師に任職される	1月、ガンジー暗殺 5月、イスラエル共和国成立
1951	22	9月、ボストン大学神学部大学院へ進学	サンフランシスコ対日講和条約・日米安保条約調印
1953	24	6月18日、コレッタ＝スコットと挙式	アイゼンハワー大統領に就任
1955	26	6月、ボストン大学より組織神学にて博士を所得 12月、モンゴメリー改良協会長に推挙される	12月、モンゴメリー市の裁縫師の女性がバスの座席を白人乗客に譲ることを拒絶して逮捕され、モンゴメリー市のバス-ボイコット運動始まる
1958	29	9月、『自由への大いなる歩み―モンゴメリー物語』が出版される	10月、フランス、第五共和制の発足
1960	31	1月末、父とともにエベネザー-バプテスト教会の共同牧師となる	1月、日米新安保条約調印（6月発効） 11月、ケネディー、大統領に当選
1963	33	10月16日、ジョン＝F＝ケネディー大統領とホワイト-ハウスで会談 8月28日、ワシントン大行進催される。「私には夢がある」スピーチを行う	11月22日、ケネディー大統領、テキサス州ダラスにおいて暗殺 11月、米国、ジョンソン大統領就任
1964	35	9月、ヴァティカン教皇庁でパウロ六世に謁見 12月10日、ノーベル平和賞を受賞	ソ連、フルシチョフ首相解任
1968	39	4月3日、「わたしは山頂に登ってきた」と題するスピーチを行う 4月4日、狙撃され病院で死去	6月、米国、上院議員ロバート＝ケネディー暗殺 10月、米軍、北爆停止

さらに詳しい内容については
▶ 清水書院　人と思想⑭　『マーティン＝L＝キング』　梶原 寿 著　を参照

＊　1968年4月11日、住宅の売買・賃貸における人種差別を禁じる1968年公民権法、議会を通過

空海
真言宗の開祖

空海
７７４年～８３５年４月２２日

（空海の言葉）
◆仏身すなわち衆生の身、衆生の身すなわち仏身なり

　空海は奈良時代末から平安時代初めにかけての高僧で真言宗の開祖です。
　804年、遣唐使の一員として唐に渡り、密教の核心を伝授されました。
　密教とは、「秘密の仏教」の略語です。普通の仏教（これを顕教という）では、お経（経典）があり、その文字を読んで学び、修業を重ねていきます。これに対して密教は、『大日経』などの経典はあるものの、経典を読むばかりではなく、曼荼羅の絵の世界を信じ、呪文を唱えたりして仏になろうとするのです。
　空海は、帰国後、京都の高雄山寺で弟子に教えを説き、816年には嵯峨天皇より高野山に真言密教の道場を建立する許可を得ました。この後、ここが真言密教の拠点となったのです。空海の考えは、その後の日本の仏教に大きな影響を与えました。

エピソード

●子供の頃

幼い頃からよく遊びよく勉強する子供だった。19歳のときに土佐国（現・高知県）の室戸岬の近くの洞窟で修行中、口に明星が飛び込んできて悟りをひらいた。

●空海伝説

犬はもともと3本足だったが、もう一本の足を空海からもらい、オシッコをするときは、その足を上げてするという。

●ライバル

私費留学僧として唐（中国）へ渡る時、後のライバルとなる最澄も、遣唐使船に乗船していた。

名言集

●薬は病気から救ってあげたいという気持から生まれたものである。仏の教えは心を救ってあげたいという気持ちから生まれたものである

●周りの環境は心の状態によって変わる。心が暗いと何を見ても楽しくない。静かで落ち着いた環境にいれば、心も自然と穏やかになる

●道理に迷って苦しむのも、自分の中にある仏に目覚めて正しく励むのも、みな自分の決心次第である

key word　密教

この世界、この宇宙での人間の精神活動や地水火風の変動変化は大日如来を根拠にしていると密教では考える。従って、人間を初めとする一切の生きとし生けるもの（衆生）は大日如来とその本性上同じである。仏身＝衆生の身なのだ。よって、人間はこの世で密教の修業を積めば、生きているままに大日如来と一体化して仏となりうる。これが即身成仏（そくしんじょうぶつ）という考えである。

年譜

西暦(年)	年齢(歳)	年　譜	参考事項
767			最澄、生まれる
774		郡司の子として讃岐国に生まれる	
788	14		最澄、比叡山に一乗止観院（のちの延暦寺）建立
789	15	『論語』や史伝を学ぶ	
792	18	京都の大学寮に入り、漢籍などを学ぶ	
793	19	山林で修行、四国の各地を回る	
797	23	『三教指帰』を著す	
804	30	遣唐使として唐へ渡る	
805	31		最澄、帰国
806	32	予定を早め、唐より帰国、大宰府に滞在	最澄、天台宗を開く
810	36	京都の高雄山寺（のちの神護寺）に入る	
812	38	高雄山寺で最澄と交流、『風信帖』送る	
		最澄と徐々に対立、交流がとだえる	
816	42	高野山金剛峯寺を開創	
819	45	高野山金剛峯寺を建立	
		『即身成仏義』を著す	
820	46		最澄『顕戒論』を進上
821	47	満濃池の改修を指揮	
822	48		最澄、死去
823	49	東寺（教王護国寺）を勅賜され、真言宗を開く	
828	54	綜芸種智院を開設	
830	56	『十住心論』を著す	
835	61	高野山で死去	
921		醍醐天皇より弘法大師の諡号（しごう）が贈られる	

熊沢蕃山(くまざわばんざん)
江戸期の陽明学者

熊沢蕃山
1619年～1691年9月9日

◆（熊沢蕃山の言葉）
夫(それ)武士たる人、学問をして物の道理を知給(しりたま)ひ、其上(そのうえ)に武道のつとめてよく候はゞ、今の武士則(すなわち)古(いにしえ)の士君子(しくんし)たるべく候

　江戸時代初期の儒学者で陽明学者の1人として位置づけられています。
　熊沢蕃山は儒学の教えを人が生きるうえでの導きであるととらえたうえで、特に、武士階級を念頭に、理想の士君子（道徳心が豊かで、学問と武道にすぐれた人）とはどのような人なのかを論じました。楠木正成、弁慶などの人物の偉業を取り上げて論じたのです。また、蕃山は孔子の『論語』などを頼りに、君子（立派な人）は義理を大切にするが、小人（つまらない人）は名利（名声や利益）を追い求めると主張するなど、たびたび君子と小人との違いを論じました。
　蕃山は当時の政治や社会に関しても積極的に発言し、武士は農民になって村に帰るべきであるという農兵制度を提唱するなどしています。

エピソード

●弟子入り
1942年、真冬の寒い中、中江藤樹の家の軒下に座って入門を迫り、ようやく弟子にしてもらい、陽明学を学び、岡山藩主、池田光政に仕えて藩政にたずさわった。

●危険思想
京都で儒学を教えたが、時の政治を批判し幕府に嫌われ、下総国古河（現・茨城県）にうつされ、病を得て死去。幕末、熊沢蕃山の思想は再び脚光を浴び、藤田東湖、吉田松陰（→p.184）などが傾倒、倒幕の原動力になった。

名言集

● 我は我、人は人にてよく候
● 人は咎（とが）むとも咎めじ、人は怒るとも怒らじ。怒りと欲とを棄ててこそ、常に心は楽しめ
● 人見て善しとするとも、神見て善からずということを為さず
● 節倹を守らんよりは、むしろ奢侈を禁ぜよ
● 憂きことのなおこの上につもれかし 限りある身のちからためさん

年譜

西暦(年)	年齢(歳)	年譜	参考事項
1619		京都で浪人の子に生まれる	
1627	8	水戸藩士熊沢氏の養子となる	
1630	12		中江藤樹、近江で陽明学を提唱
1634	16	岡山藩主池田光政に仕える	
1638	20	病気のため祖母の故郷近江に帰る	
1640	22	中江藤樹に入門する	
1641	23	花畠教場を開く（1650の説もあり）	
1644	26	再び池田光政に仕える	
1647	29	池田光政とともに江戸へ 藩政を任される	
1648	30	最初の著作『大和西銘』を刊行	中江藤樹、藤樹書院を設立
1657	39	病気を理由に藩政を辞す	徳川光圀『大日本史』編纂開始
1658	40	京都に移る	
1667	49	名声が高まり、京都所司代により京都から追放される	
1669	51	明石藩の松平信之の保護を受ける	
1670	52		池田光政が郷学の閑谷学校創設
1672	54	『集義和書』を刊行	
1679	61	『集義外書』を刊行	
1687	68	『大学或問』が幕府批判とされ、下総国古河に幽閉	
1691	73	古河で死去	

実力クイズ

（答えは p.208）

問題　次の4人のうち、お茶を飲むという習慣を伝えたと言われている人物は？

A・法然　　B・親鸞　　C・栄西　　D・道元

ケインズ
イギリスの経済学者

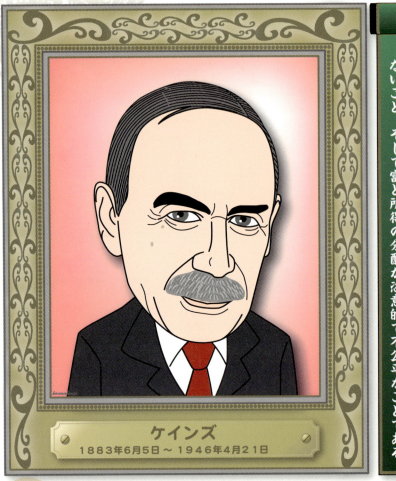

ケインズ
1883年6月5日 ～ 1946年4月21日

◆〈ケインズの言葉〉
経済社会の際立った欠陥は、それが完全雇用を与えることができないこと、そして富と所得の分配が恣意的で不公平なことである

　ケインズは、20世紀を代表するイギリスの経済学者です。
　1930年代、資本主義各国は世界恐慌後の不況から抜け出せずにいました。人々の多くが職を得られず失業していたのです。このようなときケインズは賃下げによる雇用の増加をはかれば、かえって国全体の有効需要（消費や投資）が萎縮していまい、不況がますます深刻化すると主著の『一般理論』で述べました。民間部門の有効需要の不足を補うために、政府が積極的に公共事業を実施して、雇用を増やすべきとしたのです。つまり、自由放任の経済ではなく、完全雇用の達成を図るために、政府が積極的に経済に介入するような修正資本主義経済をすすめたのです。

エピソード

●利発な子

4歳で父親から「利子とは何か」という問いに対して「もしパパに半ペニー貸したとして、それをパパが長く借りていたら、もう半ペニーを余分に返さなくてはいけないでしょ、それが利子なんだ」と答えたという。

●学生時代

14歳で全寮制のイートン校に入学した頃から、一日の学習時間や読んでいる本のことなどを細かくメモするようになる。メモのなかには性生活の記録まで書かれていて、42歳で結婚するまでは恋愛対象は男性であった。

ケンブリッジ大学の先輩で、ブルームズベリー・グループの中心メンバーだった伝記作家ストレイチーとは恋仲であったり恋敵であったり、大学時代には新入生の青年を奪い合ったりしている。

名言集

●この世で一番難しいのは、新しい考えを受け入れることではなく、古い考えを忘れることだ

●世の中の大多数の人は、常識どおりに動いて失敗するほうが、常識に反して成功するよりましだと考えている

●船は、港にいれば安全だがそれでは船の用をなさない

●株式投資とは美人コンテストである。この投票で賞金を得るには、あなたが美人と思う人が重要なのではなくて、多くの人々がどんな女性を美しいと思うかが重要であり、あなたの好みとは無関係である。相場の時価は美人投票の結果である

> さらに詳しい内容については
> ▶ 清水書院　人と思想⑬
> 　『ケインズ』　浅野 栄一 著　を参照

年　譜

西暦(年)	年齢(歳)	年　譜	参考事項
1883		6月5日、ケンブリッジ市ハーヴェイ‐ロードで、メイナード＝ケインズ生まれる	シュンペーター生まれる
1890	7	パース‐スクール幼稚園に入園	イギリス経済学会創設
1897	14	イートン校（パブリック‐スクール）に入学	
1902	19	ケンブリッジ大学キングズ‐カレッジ入学	
1906	23	大学を卒業し、インド省に勤務	
1908	25	3月、ケンブリッジ大学フェローに選出される	
1914	32	大蔵省に勤務	
1919	36	パリ平和会議で活動中、会議の成行きに失望して辞職	6月、ヴェルサイユ平和条約調印
1925	42	8月4日、リディア＝ロポコヴァと結婚。二人でロシアを訪問	9月、イギリス金本位制度復帰
1929	46	マクラミン委員会設置され、その委員となる	6月、第2次マクドナルド労働内閣成立
1936	53	『雇用・利子および貨幣の一般理論』刊行	
1940	57	6月、大蔵大臣経済顧問として大蔵省入り	
1941	58	5〜8月、訪米し、アメリカの援助を要請	3月、アメリカ大統領、武器貸与法に署名
1943	60	9〜10月、訪米し、戦後国際金融通貨体制について協議	
1944	61	6〜7月、ブレトン‐ウッズ会議出席のために訪米 9〜12月、武器貸与援助計画の問題で訪米	イギリス『雇用政策白書』発表 7月、アメリカのブレトン‐ウッズで連合国44か国が経済会議を開く
1945	62	9〜12月、戦後金融借款交渉のため訪米	2月、ヤルタ会談
1946	63	3月、サヴァナでの国際通貨基金・国際復興開発銀行の設立総会出席のため訪米 4月21日、ティルトンで心臓発作のため死去	3月、国際通貨基金・国際復興開発銀行の設立総会が開かれる アメリカ、雇用法成立

ゲーテ
ドイツを代表する文学者

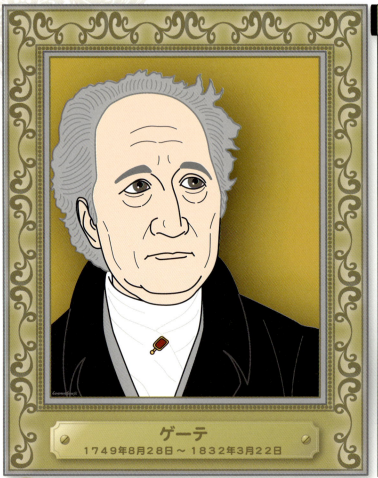

ゲーテ
1749年8月28日 ～ 1832年3月22日

◆〈ゲーテの言葉〉
ロッテは己(おれ)のものだ。あなたはぼくのものだ。そうですとも、ロッテ、永久に。

　ゲーテはドイツを代表する文豪です。彼は実に多彩な文筆活動を行いました。25歳の時に書いた『若きウェルテルの悩み』は恋愛小説の代表として世界的に名高い。
　主人公ウェルテルは美しき女性ロッテと知り合いになり、激しい恋心を抱きます。しかし、婚約者がいるロッテにウェルテルは拒否され、その翌々日ウェルテルはピストル自殺を遂げます。ロッテとの愛を永久のものにするために、死後の世界で神の前で永遠の抱擁を続けながらロッテと一緒にいることができると、ウェルテルは信じたのです。ゲーテが死をこのように捉えるのは、65歳の時に書いた詩「昇天のあこがれ」のなかの「死ね、そして生まれよ」（「死して成れ」）に通じるのかも知れません。

エピソード

●ロッテの社名の由来
お菓子で有名な「ロッテ」の社名は創業者の重光武雄氏が『若きウェルテルの悩み』の大ファンで、ヒロインのシャーロッテの一部をとって付けたもの。

●プレイボーイ
次から次へと恋をするプレイボーイで、70歳を超えてからも年の差が半世紀以上もある17歳のウルリーケと激しい恋に落ちる。結婚も考えたが、相手の母親から拒絶され叶わなかった。そのときのことを書いた作品が『マリエンバードの悲歌』。

●大食漢
暴飲暴食が原因で60歳で関節炎と尿管結石、74歳で心筋梗塞を患う。肉料理や甘い菓子を好み、ワインが特に好きで1日2リットルから3リットルも飲んだといわれる。

名言集

● 青年は教えられることよりも、刺激されることを欲す
● 自分一人で石を持ち上げる気がなかったら、二人でも持ち上がらない
● 行動がすべてだ。栄誉に価値はない
● 己の家庭で平和を見出す者が一番幸福な人間である
● 涙とともにパンを食べたものでなければ、人生の味は分からない
● 希望は不幸な人間の第二の魂である
● メフィスフェレス「お昇りなされ、あるいは下りなされ。同じことじゃよ」

さらに詳しい内容については
▶ 清水書院 人と思想⑰
『ゲーテ』 星野慎一 著 を参照

年譜

西暦(年)	年齢(歳)	年譜	参考事項
1749		8月28日、ドイツのフランクフルトに生まれる	
		少年時代よりラテン語・ギリシア語・イタリア語・英語・フランス語・ラテン語などを学ぶ	
1765	16	ライプツィヒ大学に入学し、法律学を学ぶ	
1770	21	シュトラースブルク大学に入学し、法律・医学を学ぶ	ベートーヴェン生まれる
1770	22	弁護士として開業	
1774	25	『若きウェルテルの悩み』刊行、大きな反響をよぶ	ルイ16世即位
1775	26	アウグスト公の招きをうけ、ワイマールに永住	
1776	27	ワイマールの国政に参加	アメリカ独立宣言
1790	41	イタリア旅行でシラーをはじめて訪ねる。『ファウスト断片』	
1805	56	シラー死去、大きな衝撃をうける	
1806	57	『ファウスト』第一部完了	神聖ローマ帝国滅亡
1814	65	『西東詩集』の詩、多くつくる	ナポレオン、エルバ島に流される
1817	68	『イタリア旅行』刊行	
1828	79	『ゲーテ・シラー往復書簡』刊行	
1830	81	『ゲーテ全集』第40巻まで完結	
1831	82	『ファウスト』第二部完結	
1832	82	3月22日、死去	

● ワイマール憲法を採決した「国民劇場」と、その劇場の前にたつワイマールを代表するゲーテとシラーの像

孔子
儒学の始祖

孔子
紀元前552年10月9日 ～ 紀元前479年3月9日

（孔子の言葉）
◆ 政なる者は正なり

　儒学（儒教）は道教とともに中国の代表的な思想であり、その始祖が孔子です。
　孔子の思想は『論語』から理解することができます。これは孔子の活動や弟子との対話等をまとめた言行録であって、儒学にとって最も重要な書物です。
　孔子が生きた時代の中国は様々な諸国に分割されており、内乱や争いが絶えませんでした。そうした政治情勢のなかで孔子は、上の文で「政なる者は正なり」（政治とは正しさである）と主張するように、君主は武力で人々を支配するのではなく、道徳で治めるべきであると説きました（徳治主義）。道徳的に立派な君主が国を治めれば、平和が訪れると考えたのです。

エピソード

●名前

もともとの名は孔丘。孔子と呼ばれるようになったのは、だいぶ後のこと。

●長身

身長は9尺6寸、216cmの長身（春秋時代の1尺＝22.5cmとして計算）で、「長人」と呼ばれたという。

●食

食に関して強いこだわりを持ち、飯は十分に精白されている米を好み、時間が経った物、季節外れの物、煮込み過ぎ、型崩れした物は食べなかった。自分の家に供えた肉は三日以上は持ち越さず、三日過ぎれば食べなかったという。

●特技

射（ゆみ）、御（馬術）、数（算数）、書。

名言集

●これを知るをこれを知ると為し、知らざるを知らずと為せ。是れ知るなり

●われ十有五にして学問に志し、三十にして立つ。四十にして惑わず、五十にして天命を知り、六十にして耳に順い、七十にして心の欲するところにしたがいて矩を超えず

●良薬は口に苦くして病に利あり　忠言は耳に逆らいて行いに利あり

●過ぎたるは　なお及ばざるが如し

●子曰く、過まって改めざる、是を過ちと謂う

さらに詳しい内容については
▶ 清水書院　人と思想②
『孔子』　内野熊一郎・西村文夫・
鈴木總一 共著　を参照

年　譜

（年齢は数え年）

西暦(年)	年齢(歳)	年　譜	参考事項
紀元前552	1	孔子、魯の都（曲阜）の郊外に生まれる	
536	15	学問にこころざす	
533	19	結婚する	
532	20	息子の鯉（伯魚）生まれる。　このころ、生活のため、しばらく李孫氏に仕え、倉庫の管理や家畜の飼育官となる	
519	34	このころ、周の部落陽に行き、礼を老子に問うたという話が伝えられている	
517	36	斉に外遊する	
516	37	このころ、斉より魯に帰る	
505	48	魯の国政乱れる。孔子、しりぞいて詩、書、礼、楽を修める 孔子の私立学校にますます弟子が集まる	
501	52	魯の中部の宰（町長）となる	
500	53	魯の定公に従って斉の夾谷に会合したとき、斉の景公と名相晏子を向こうにまわして大活躍をし、会議を有利に導いた	このころからペルシャ戦争
499	54	夾谷の会合の功績により大司冠に任ぜられて、大臣の列に加わる	
497	56	魯を去って衛に行く。衛から曹、宋、鄭、陳、蔡、楚、衛など諸国をまわっての流浪の生活がこれより14年間続く	ピタゴラス死ぬ
484	69	衛から魯に帰る	
479	74	孔子、老衰のため死去	

57

幸徳秋水
明治時代のジャーナリスト・社会主義者

幸徳秋水
1871年11月5日～1911年1月24日

（幸徳秋水の言葉）
◆今日の革命は労働者の革命である。労働者は議会に上るの必要はない。議会は取れなくてもいい

　幸徳秋水は明治時代のジャーナリストで社会主義者です。
　1905年1月ロシアでは日露戦争での負け戦を機に起こった農民、労働者、兵士たちの反乱、抵抗運動が高まりましたが（第一次ロシア革命）、秋水はこれに熱狂して、革命は来た、始まった、革命はロシアから欧州に、そして世界に蔓延しつつあると主張したのです。当時の秋水の、世界情勢に対する現状分析と社会主義革命への熱情をあらわしています。
　もともと秋水は議会で多数派になって社会主義を実現すること想っていましたが、ロシアなどでの革命のうねりのなかで、議会に頼らずに労働者の直接行動（ゼネストや革命）を通じて社会主義を実現するという主張に変わっていきました。

エピソード

●名前
本名は幸徳傳次郎。子供の頃から自由民権運動にかかわり、上京して中江兆民のもとで学僕として住み込んだ。秋水の名は、中江兆民から与えられたもの。

●平民新聞
秋水が勤めていた日刊新聞「萬（万）朝報」は、それまで非戦論を主張していたが日露開戦賛成に転換したために退社し、堺利彦とともに週刊の「平民新聞」を創設した。しかし日露戦争終結後、財政難と内紛で解散。

●大逆事件
明治天皇を爆弾で暗殺しようとした大逆事件の首謀者と目され、死刑に。この大逆事件では12人が絞首刑となったが、秋水は暗殺計画に直接関与していなかった。

名言集

●自身の学資なきことの口惜しくて運命の不公を感ぜし事

●途、窮まれど未だ神を祈らず

●いまだ軍備と徴兵が国民のために一粒の米、一片の金をだに産するを見ざるなり

●人は平等なり。婦人もまた平等な人間なり

さらに詳しい内容については
▶ 清水書院　人と思想(51)
『幸徳秋水』　絲屋寿雄 著　を参照

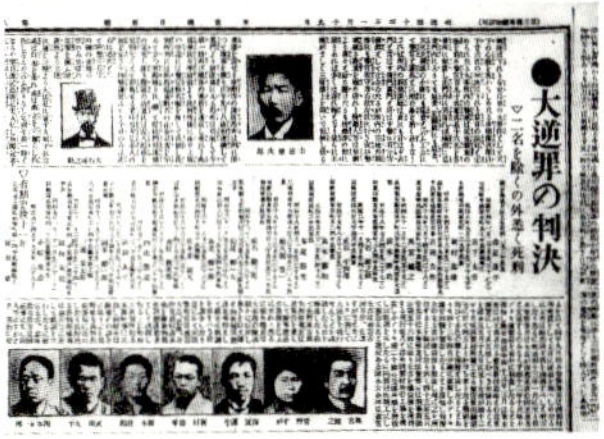
●大逆罪の判決

大逆事件を報じる新聞（1911年1月）

年　譜

西暦（年）	年齢（歳）	年　譜	参考事項
1871	1	9月23日（旧暦）、現在の高知県中村市に三男三女の末子として生まれる。幼名は伝次郎	廃藩置県
1887	17	高知に行くと称して上京	鹿鳴館時代
1888	18	再度上京の途中、大阪で中江兆民を紹介される	
1893	23	板垣退助の「自由新聞」に入社	
1898	28	「万朝報」に入社	
1900	30	「万朝報」紙上に「自由党を祭る文」を発表	
1901	31	『20世紀の怪物帝国主義』を警醒社より刊行。社会民主党を結成するが禁止される 足尾銅山鉱毒事件について田中正造の直訴文を起草	中江兆民死す
1902	32	『兆民先生』を博文館より出版	
1903	33	日露開戦論に反対して堺利彦・内村鑑三らと『万朝報』を退社 平民社を設立し、週刊「平民新聞」を発刊	
1904	34	マルクス・エンゲルスの『共産党宣言』を堺利彦とともに「平民新聞」に訳載、発売禁止となる	日露戦争、与謝野晶子「君死に給ふことなかれ」
1905	35	「平民新聞」の社説で禁錮5か月の刑をうける 平民社解散 渡米し、無政府共産制を見る	週刊「平民新聞」廃刊 ポーツマス条約調印。各地で講和反対市民大会が開かれる
1906	36	帰国後、日本社会党主催の歓迎演説会で「世界革命運動の潮流」を発表	日本平民党、日本社会党が合同して、新たに日本社会党を組織
1907	37	日本社会党第2回大会で田添鉄二の議会政策に反対し、直接行動論を主張	日刊「平民新聞」発刊、廃刊
1909	39	『自由思想』を発行するが直ちに発禁	伊藤博文が暗殺される
1910	40	大逆事件により逮捕、東京監獄に収容される	韓国併合
1911	41	1月18日、大逆事件の判決で死刑、1月24日に執行	

（年齢は数え年）

コペルニクス
地動説をとなえた天文学者

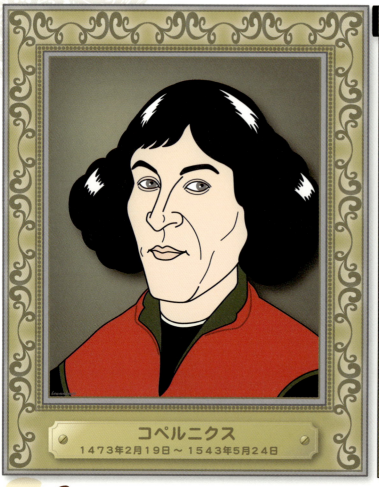

コペルニクス
1473年2月19日 ～ 1543年5月24日

◆（コペルニクスの言葉）
太陽は宇宙の中心であって不動であり、太陽の運動と見えるものはすべて実は地球の運動である

　コペルニクスはポーランドの天文学者です。彼はポーランドの大学で学んだあと、イタリアでの遊学中のころに、太陽の周りを各天体が円運動をするという太陽中心説（地動説）を考えるに至ったといわれています。しかし、これを本にして世に出すことを躊躇していました。当時のカトリック・ローマ教皇の公式の考えは地球は宇宙の中心であるという地球中心説（天動説）であることから、コペルニクスは教会側とトラブルになることをおそれていたのでしょう。結局、『天体の回転について』という著作が出版されたのは、彼の死の直後でした。ここに天文学の革命的な変化が訪れるとともに、近代自然科学が産声をあげ、誕生したのです。

エピソード

●幼少期
家はかなり裕福な商家だったが、父はコペルニクスが10歳のときに死去、母は既に亡くなっていたため聖職者だった叔父の手で育てられた。神学、医学、数学、天文学などを学び、天体観測を続け、ギリシャ思想をうけて地動説を主張したともいわれている。

●肖像画が紙幣に
1965年に発行の1000ズウォティ紙幣に肖像が使用されていた。

●地動説のその後
コペルニクスの太陽中心説はガリレオ（→p.36）、デカルト（→p.90）といったその後の科学者・哲学者に受け継がれていき、自然科学はヨーロッパで発展していく。

名言集

- ●正義と真理に反する意見は、避けるべきだと信じます
- ●いずれ、太陽は宇宙の中心に置かれることになる
- ●学者の仕事は、神に許されるなかで真理を探究することだ
- ●地球の可動性を禁じるものは、何も無い

key word　プトレマイオスの天動説

アリストテレスの宇宙観を受け継ぐプトレマイオスによって大成された、静止した地球のまわりをすべての天体が回転するとする宇宙観。

年　譜

西暦(年)	年齢(歳)	年　譜	参考事項
2世紀			プトレマイオスが天動説を説く
1474ころ			トスカネリが地球球体説を説く
1473		現在のポーランドで富裕商人の子に生まれる	
1491	18	ポーランドのクラクフの大学で、神学、医学、数学、天文学を学ぶ	
1496	23	イタリア（ボローニア）に留学	
1505	32	ハイルスブルクで地動説の研究を進める	
1506	33	フラウエンブルクの聖堂で働く	
1512	39	観測所をつくって天文学を研究	
1530ころ	57	宇宙の中心は太陽との結論に達するが、公表はせず	
1543	70	死の直前に『天体の回転について』刊行	
1543	70	死去	
その後			ガリレオやケプラーが地動説を支持

key word　地動説をとなえたわけ

コペルニクスが太陽中心説を主張したのはどのような背景や根拠があったのであろうか。

1つは、プトレマイオスの地球中心説では、各惑星の運動の説明が非常に複雑になってしまうが、太陽中心説をとれば、比較的簡単に説明できるという点である。

もう1つは、コペルニクスが太陽崇拝の思想を持っていたのでないかという点である。当時、イタリアで

は、プラトンの思想を信奉する人々がいたという。プラトン哲学では、あらゆる善を束ねる究極の善を善のイデアと呼んだが、これは太陽にたとえられている。こうした影響をコペルニクスも受けていたことは十分に考えられるのだ。事実、『天体の回転について』で、コペルニクスは太陽が「宇宙の瞳」、「宇宙の心」、「宇宙の支配者」などと呼ばれるのは当然であると言っている。

最澄
天台宗の開祖

最澄
767年9月15日～822年6月26日

（最澄の言葉）
◆ 一切の衆生皆な仏性あり

　最澄は奈良時代末から平安時代初期にかけての高僧であり、天台宗の開祖です。空海（→ p.48）とともに当時の仏教界を率いた人物でもあります。
　804年、遣唐使の一員として唐に渡り、天台宗のほか、禅宗や密教も学びました。帰国後は、比叡山延暦寺を拠点に、天台宗の教えを説く一方で、空海から密教の教えを受けたりもしました。
　最澄は仏性（仏となれる特性）についての論争で、ある高僧が衆生（生きとし生けるもの）には仏になれる者となれない者があると主張したことに対して、誰もが仏になることができると反論しました。最澄にとって、人は仏になる本性を持っているのであり、ただ、欲望や利己主義的な考えに捕らわれているに過ぎないとしたのです。

エピソード

●大黒天
最澄が唐（中国）から持ち帰ったものに「大黒天」がある。大黒天は、もともとはインドの戦いの神だったが、中国では台所の神、最澄はお寺の守り神であるとした。のちに日本古来の大黒様といっしょにされ、福の神となって世間に広まっていった。

●空海との関係
804年、国費留学僧として遣唐使で唐（中国）に渡った時、遣唐使船の一員に、まだ無名だった空海がいた。後年、帰国した空海が自分よりも密教の教えに通じていることに驚く。最澄は僧として高い地位にあるにもかかわらず、空海に弟子入りし、経典を借りて学ぶことにした。空海は快く経典を貸していたが、最澄が密教の根本経典の貸し出しをお願いすると「教えの神髄は文字を読んだだけではわからない」と拒否。これが原因で二人の関係は断絶してしまった。

名言集

- ●一隅を照らすものこれ国の宝なり
- ●わがために仏を作ることなかれ、わがために経を写すことなかれ、わが志を述べよ
- ●己を忘れて、他を利するは、慈悲の極みなり
- ●道心の中に衣食あり、衣食の中に道心なし
- ●能く行い、能く言うは、国の宝なり
- ●得難くして移り易きはそれ人身なり。発し難くして忘れ易きはこれ善心なり

key word 🔍 天台宗

最澄が説いた天台宗は、『法華経』の教えや鑑真が説いた戒律の教え、さらには、禅や密教の思想も取り入れていることが特徴である。それだけに、天台宗の総本山である比叡山延暦寺はこの後、日本の仏教界の拠点として、多くの僧たちが集まり、修業に励んだ。法然、親鸞、栄西、道元、日蓮といった鎌倉新仏教の開祖たちも比叡山にこもって悟りの道を開こうと努めたのである。

年譜

西暦(年)	年齢(歳)	年譜	参考事項
767		近江国に生まれる	
774	7		空海、生まれる
780	13	近江国の国分寺に入る	
785	18	比叡山に草堂を造営	
786	19	東大寺で受戒、比叡山で山林修行に入る	
788	21	比叡山に一乗止観院（のちの延暦寺）建立	
797	30		空海『三教指帰』表す
804	37	空海とともに、唐へ渡る	
805	38	帰国	
806	39	天台宗を開く、このころ空海と交流	空海、帰国
812	45		空海『風信帖』
		空海と徐々に対立、交流がとだえる	
819	52	東大寺で受けた具足戒を破棄、天台宗の僧侶には比叡山で菩薩戒を受けることと12年間の修行を義務づける（『山家学生式』）	空海、金剛峯寺を創建
820	53	『顕戒論』を進上	
822	55	比叡山で死去。没後7日目に、朝廷は比叡山での大乗戒壇設立を認める	
823			空海、真言宗を開く
835			空海、死去
866		清和天皇より、伝教大師の諡号（しごう：死後に送られる名）が贈られる	

63

サルトル

フランスの実存哲学者

サルトル
1905年6月21日～1980年4月15日

（サルトルの言葉）
◆人間はあとになってはじめて人間になるのであり、人間はみずからがつくったところのものになるのである

サルトルは実存哲学を主張したフランスを代表する哲学者・小説家です。彼は「人間とは○○である」というような、人間の本質、本性、定義などは存在せず、在るのは、「今、ここに私がある」という、実際に存在して生きる私であるとしています。実存に生きる私は絶えず、生成、発展して、自分になっていくのです。そういう生き方をする人間をサルトルは、将来に向けて自分の可能性を投企する（前に投げる）人であると表現しました。どのように自分を投げるのかは自由です。しかし自由であるがゆえに、その責任を自ら引き受けなければなりません。それは重荷ではあるのですが、私たちはそれを引き受けつつ世界の営みに参加する、これがアンガジュマンです。

エピソード

●ノーベル賞辞退
1964年、ノーベル文学賞が与えられることが決定されたが、ノーベル賞は「資産家層によって作られた儀式に過ぎない」と評して辞退した。

●葬儀に5万人
「20世紀最大の知識人」と言われ、作家、思想家として若者たちを中心に絶大な支持を得ていたサルトル。肺水腫のため74歳で死去。静かな最期だったという。葬儀にはサルトルの棺を乗せた車の周りには5万人もの市民が集まった。

●人柄
気さく。まじめなことを嫌い冗談を言っては周りを笑わせていた。幼い頃にかかった熱病のせいで右目はほとんど失明、斜視になった。メガネとパイプがトレードマーク。タバコや葉巻の煙をいつもくゆらせていた。

名言集

- ●実存は本質に先立つ
- ●なによりもまず、人間は実存し、不意に出現し、舞台にあらわれ、そのあとになってようやく自分を定義する
- ●人間が進んでゆくかぎり、私の関心を惹くのは、あるがままの人びとの姿ではなく、彼らがなにになりうるのかという点だ
- ●何人も、ドイツ軍占領下を生きていた頃ほどには、自由を感じたことはない
- ●現代の資本主義社会には生活はない。あるものはただ宿命だけだ
- ●説明と合理の世界は存在や生命の世界ではない
- ●人間は自由へと呪われている
- ●実存主義は最初に何を行うか？　一人ひとりの人間があるがままの自分を把握し、みずからの実存について全責任を負うようにさせる

年譜

西暦(年)	年齢(歳)	年　譜	参考事項
1905		6月21日、パリに生まれる	日露戦争
1924	19	高等師範学校に入学	
1929	24	ボーヴォワールと2年の契約結婚	
1933	28	ベルリン留学で現象学を学ぶ。フッサール、ハイデッガーを知る	ナチスが第一党となり、ヒトラーが首相に
1939	34	砲兵隊に配属	第二次世界大戦対ドイツ戦線布告
1940	35	捕虜となるが、翌年釈放	フランス軍降伏
1941	36	レジスタンスへ参加する	
1943	38	『存在と無』を発刊	
1945	40	メルロ＝ポンティーとともに『現代』誌を発刊。しだいにマルクス主義に傾く	
1946	41	『実存主義とは何か』発表	
1952	47	アルベール＝カミュと論争	
1954	49	ベルリン平和会議に出席	アルジェリア独立戦争
1960	55	カミュへの追悼文をよせる。『弁証法的理性批判』を発刊	カミュ急死
1964	59	ノーベル文学賞を辞退	
1965	60		ベトナム戦争拡大（北爆開始）
1966	61	ボーヴォワールとともに訪日。ラッセルの提案によるベトナム犯罪裁判国際法廷に共感し、裁判長となる	
1980	75	4月15日、パリで死去	

さらに詳しい内容については
▶ 清水書院　人と思想㉞　『サルトル』　村上嘉隆 著　を参照

釈迦(ゴータマ・シッダッタ)
仏教の創始者

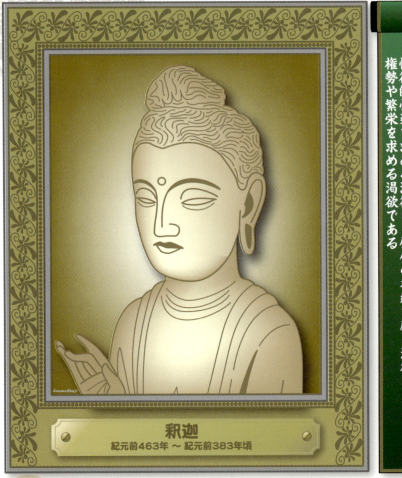

釈迦
紀元前463年 〜 紀元前383年頃

◆(釈迦(ゴータマ・シッダッタ)の言葉)
比丘たち、尊い真実としての苦の生起の原因とは…情欲的快楽を求める渇愛と、個体の存続を願う渇愛と、権勢や繁栄を求める渇愛である

これは釈迦が説く、四つの真理(四諦)のうちの、集諦と呼ばれる考えである。
仏教において、人がこの世で生きることは苦です(この理解が苦諦)。なぜ、生きることが苦しみなのかといえば、今の指摘したような渇愛にさいなまれているからです(この考えが集諦)。そこで、渇愛を捨て去るならば、静寂な悟りの境地(涅槃寂静)に達することができるようになのです(この考えが滅諦)。その方法は、中道といって、快楽的な恍惚状態を得る方法でもなく、自分の体を痛めつける苦行でもなく、八つの正しい教えを実行することなのです(この考えが道諦)。
釈迦の教えは入念な人間の心理分析をふまえており、大変知的であるといえます。

エピソード

●北枕

仏教の創始者ブッタの入滅（肉体の死を迎えたこと）の際、右脇を下にして頭を北に向けて身を横たえたとされている（頭北面西右脇臥〈ずほくめんさいうきょうが〉）。現在でも仏教徒が臨終の際に北枕なのは、これにならっているからである。

●名前

本名は姓をゴーダマ、名をシッダッタ。釈迦という呼び名は、その出身である釈迦族からとったもの。のちに真理に目覚めてからは、仏陀（ぶっだ）・釈迦牟尼世尊（しゃかむにせそん）・釈尊（しゃくそん）などと呼ばれている。

●釈迦の教え

釈迦が菩提樹の下で悟り、説いた教えとは、四法印（しほういん）、縁起（えんぎ）、四諦（したい）、八正道（はっしょうどう）の四つの真理から成り立っている。これらを知るための修行を積むことによって煩悩（欲望）をなくし、苦を克服することができるとしている。

名言集

- 自己の煩悩を克服した人間は幸福だ
- なにを読もうと、なにを聞かされようと、自分自身の理性でもって同意したこと以外には、なにも信じるな
- 平和は内側からやってくる。外側に探しもとめてはならない
- 心こそがすべてだ。あなたは、自分の考えたものになる
- すべての事象は過ぎ去るものである。怠ることなく修行を完成させなさい
- 思いわずらうな。なるようにしかならんから、今をせつに生きよ
- 沈黙している者も非難され、多く語る者も非難され、少し語る者も非難される。つまり、世に非難されない者はいないのである
- 「わたしは愚かである」と認められる者こそ、賢者である。逆に「自分は賢者である」と思っている者こそ、愚者と呼ぶにふさわしい
- 善をなすのを急ぎなさい。善をなすのにのろのろしていたら、心は悪を楽しむようになります

年　譜

西暦（年）	年齢（歳）	年譜	参考事項
紀元前463	1	釈迦生まれる	前5世紀都市の成立、自由思想家群の活躍
446	17	ヤショーダラ妃と結婚	
		このころ、一子ラーフラ生まれる	
434	29	人生に悩み出家	5〜4世紀 文典家パーニニ
		この間、多くの仙人をたずねる	ジャイナ教のマハーヴィーラ（444〜372ころ）
428	35	ブッダガヤーで覚者（仏）となる、ヴァーラーナシーで最初の説教	
429	36	このころ、竹林精舎・祇園精舎を受けるまた故郷カピラヴァスツに帰る	
424	39	このころ、シャーキャ族とコーリャ族の水争いを仲裁	
423	40	このころ、ヴァイシャリーを初めて訪問	5世紀初頭マガダ国隆盛
		この間、諸国に布教	
383	80	クシナガラで入滅	4世紀カピラのサーンキャ思想、マハーバーラタの形成始まる

さらに詳しい内容については
▶ 清水書院　人と思想④　『釈迦』　副島正光 著　を参照

67

朱子（朱熹）
しゅし　しゅき

朱子学の完成者

朱子
1130年10月18日 ～ 1200年4月23日

（朱子の言葉）
◆性は理にほかならない。清明の気を受ければ、覆いとざされずに、理が自然にあらわれる

　朱子は中国・南宋時代（12世紀ころ）の儒学者で、新たな儒学を完成させました。この新儒学を朱子学といいます。朱子学は、孔子（→ p.56）や孟子（→ p.172）の儒学が道徳論や政治思想を中心テーマとしていたのに対して、形而上学、存在論までも含んだ壮大な世界観を持っています。そこに朱子学の特徴があります。
　朱子は、世界や万物は理と気から成り立つと主張しました（理気二元論）。理とは世界を支配する法則であり、万物の存在の根拠をいいます。気とは物質あるいは素材を意味します。そして、人であれ、物であれ、その本質、本性を性というのですが、性は宇宙、世界の根拠たる理そのものに他ならないと主張しました（性即理）。

エピソード

●少年時代
子供の頃から旺盛な探究心の持ち主。5、6歳の頃、父親の朱松が指して「あれが天だ」と教えたところ、「天の上はなんですか」と質問して父親を驚かせた。

●八卦
近所の子供達と砂場で遊んでいたが、朱子だけはきちんと座って砂の上に易の八卦を描いていた（易の八卦とは、陰と陽の二つの記号を組み合わせて森羅万象の姿を象徴的に表したもののこと）。

名言集

- ●人は欲がある時、心の強さを失う。心の強い人は、欲には屈しない
- ●物事が達成できない時、まず自身の志を責めなさい
- ●精神一到何事か成らざらん
- ●血の気の怒りはあるべからず、理義の怒りは無かるべからず
- ●大疑は大進すべし、小疑は小進すべし、疑わざれば進まず
- ●今日やらなくても、明日やればいいなどという言葉は使ってはいけない
- ●少年老い易く、学成り難し。一寸の光陰軽んずべからず
- ●言うなかれ、今日学ばずして来日ありと。言うなかれ、今年学ばずして来年ありと

年　譜

西暦(年)	年齢(歳)	年　譜	参考事項
1127			高宗（～1162）
1130		現在の中国福建省に生まれる	
1143	13	父が死去	
1148	18	科挙に合格	
1151	21	官職に就き、地方を回る	
1162	32		孝宗（～1189）
1175	45	陸象山と会談し、論争する	
1180	50	凶作に際し、地主層に食料の供出を命じるなどの策をとる	
1181	51	官僚に対する弾劾を行う	
1189	59		光宗（～1194）
1190	60	四書と五経を刊行	
1192	62		陸象山、死去
1194	64	政治顧問に抜擢され、寧宗への講義を始める	寧宗（～1224）
1196	66	朱子学への攻撃（偽学の禁）が始まり、官吏の資格を奪われる	
1200	70	死去	

key word　四書と五経

　四書とは『論語』『孟子』『大学』『中庸』の総称。宋代に儒教を哲学的に体系化した朱子が五経に先立つ必読書として重視し、儒教の根本聖典となった。『大学』と『中庸』は、朱子が五経のなかの『礼記』から抜き出して加筆したものである。

　五経とは『詩経』『書経』『礼記』『春秋』『易経』の五書の総称。漢代に儒教の根本聖典として定められた。現代風にいえば、情操を養う詩文学、理想を追求する政治学、社会秩序の原理であり君子が修得すべき儀礼・マナー、修養と政治の鑑としての歴史学、人事と自然の神秘を説く宇宙論といえる。

シュバイツァー
人道主義の思想家

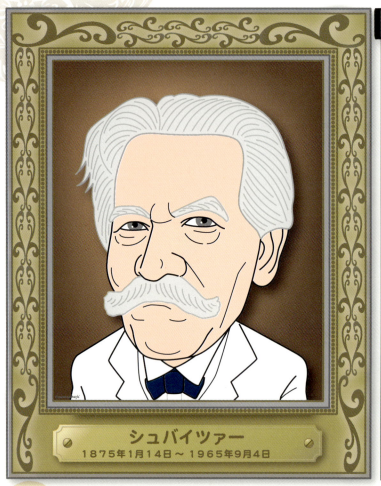

シュバイツァー
1875年1月14日～1965年9月4日

◆（シュバイツァーの言葉）
いままで予感もしなければ求めたこともない"生への畏敬"ということばが心中にひらめいたのであった。──鉄扉は開けた！密林の道は見えてきた！

　シュバイツァーは医師として、アフリカで人道活動に従事しました。彼は1915年9月、赤道直下アフリカのオゴーウェ川の船上で生への畏敬という考えにたどりつきました。人間は生きようとする意志（生への意志）をもっています。善とは生（生きること）を保ちつつ、その生を最高の価値にまで高めることであり、悪とは生を否定し、その生をおとしめることであるというのです。
　植物も人間以外の動物も生命を持つ者として神聖なのです。生への畏敬とは、すべての生命の尊重を意味しています。人間は助けうる限りのすべての生命を助けたいと思う時、あるいは、生命あるものを害することを恐れる時、真に倫理的です。

エピソード

●生命への畏敬

命あるものは人も動物も大切にする優しいこころ
の持ち主。幼少の頃から、鳥打ちや魚釣りさえも
嫌った。

●好物は風月堂のゴーフル

シュバイツァー博士のもとで働いていた日本人医
師が、神戸風月堂のゴーフルをアフリカまで持ち
帰ったら、「今出来上がったように新鮮でおいしい」
と喜んだという。それからアフリカにシュバイツ
ァー博士を訪ねる日本人はゴーフルを持参するの
が通例になったという。

名言集

●われわれは何かを得る事によって生活しているが、
人生は与えることによって豊かになる

●認められるまでは、嘲笑される。これは、真理の常
である

●本当に幸福になれる者は、人に奉仕する道を探し求
め、ついにそれを見出した者である。これが私の確
信である

> さらに詳しい内容については
> ▶ 清水書院　人と思想㉛
> 『シュバイツァー』　泉谷周三郎 著
> を参照

年　譜

西暦(年)	年齢(歳)	年　譜	参考事項
1875		1月14日、現在のフランスのアルザス（当時はドイツ帝国領）で生まれる	
		幼少時より、ピアノやオルガンに親しむ	
1893	18	ストラースブール大学に入学	
1896	21	30歳までは学問と芸術に生き、それからは人間に直接奉仕することを決意	
1902	27	『メシア性の秘密と受難の秘儀』によりストラスブール大学神学科の講師となる	
1904	29		日露戦争。幸徳秋水・内村鑑三ら非戦論をとなえる
1913	38	『イエス―精神医学的考察』で医学の学位をとる。夫人とともにアフリカ大陸中央部ガボンのランバレネに到着、病院での活動はじまる	
1914	39	自宅に拘禁される	第一次世界大戦
1915	40	ガボンのオゴーウェ川をさかのぼる途中「生命への畏敬」の理念を考えつく	
1921	46	『水と原始林のあいだに』出版	
1923	48	文化哲学の第一部『文化の退廃と再建』、第二部『文化と倫理』を完成し、同年出版	関東大震災
1924	49	再びアフリカへ出発、病院の再建に努める	
1926	51	病院の危機に際し内村鑑三から寄付金をおくられる	
1928	53	ゲーテ賞をうけ、2年後に賞金による「シュバイツァーの家」完成	内村鑑三死ぬ
1938	63	『アフリカ物語』出版	ドイツがオーストリア・ズデーテンを併合
1954	79	ノーベル平和賞受賞。「現代における平和の問題」講演	アメリカ、ビキニで水爆実験
1957	82	原爆実験中止をうったえる声明を五か国語で放送	
1965	90	9月4日、死去	

荀子
性悪説の儒学者

荀子
紀元前２９８年？〜紀元前２３５年？

〈荀子の言葉〉
◆人の性は悪なるも、必将ず師法を待ちて然る後正しく、礼儀を得て然る後治まる

　荀子は古代中国の儒学者です。上の一文は人間の本性は悪であるが、教師による教育や礼儀の徹底により、よき行いを身につけることができるという意味です。このように、荀子は性悪説にたって、人間は悪であると見なしたうえで、悪であるからこそ教育や礼によって矯正されねばならないと主張するのです。しかし、性悪説は儒学のなかでは異端です。儒学の創始者である孔子（→p.56）は人間の本質は善か悪かを明確に論じてはいませんが、「人之生也直（人生はまっすぐなものだ）」（『論語』雍也篇）と述べているように、人間を楽観的に見る傾向が強いのです。

エピソード

●その生涯
趙の国の出身とされている。50歳以後、斉の国の学長職に就き、楚の国では長官にとりたてられ、この地で生涯を終えている。

●特異な存在
荀子の考えが儒学の中で大きな影響力を持っていたとはいえない。しかし、仁義礼知を徳目とする儒学において、人間＝悪であるからこそ礼の思想を重んじる荀子の考えは、儒学のなかで一定の足場を得ていたとともに、法による支配を説いた法家の韓非子にも影響を与えるなど、特異な光を放っている。

名言集

- その子を知らざればその友を見よ
- 人の性は悪、その善なるものは偽りなり
- 原、清ければ則ち流れ清く、原、濁れば則ち流れ濁る
- 道近しといえども、行かざれば至らず
- 終身の楽しみありて一日の憂いなし
- 人、生まれて群なきこと能わず。群して、分なければ、即ち、争う
- 信を信ずるは、信なり。疑を疑うも、また信なり
- 小人の学は耳より入りて口より出ず
- 君子は物を役し、小人は物に役せらる
- 自ら知るものは人を怨まず
- 学問は飛耳長目の道

年譜

西暦(年)	年齢(歳)	年譜	参考事項
前298（前313もあり）		趙で生まれる	
前248	50	斉に遊学、要職に就くが讒言で辞職	
前256	42	楚の春申君に仕え、蘭陵の長官となる	周、秦に滅ぼされる
前247	51		秦王政、13歳で即位
前238	60	韓非子、李斯が門人となる	
前235	63	蘭陵で死去	
前221			秦王政、始皇帝と称する

key word　礼治主義

礼によって、治安を維持しようとする立場。荀子は、人は悪に走る傾向性があるので、人びとの性質を矯正しなければならないと説いた。荀子の弟子の韓非子や李斯は、さらに刑罰を重視する法治主義を主張した。

key word　韓非子

法家思想の大成者。荀子に学び、その性悪説や政治秩序を尊び君主権強化をめざす考え方から深い影響を受ける。しかし、儒教の徳治主義については無力有害として退けた。君主は権力を一手に掌握して法令をしき、賞罰をきびしく励行し、非情・冷酷に群臣を統制して富国強兵に徹すべきことを主張した。

秦の始皇帝が『韓非子』を読んで登用しようとしたが、李斯の謀略にあい、獄舎で毒死した。

●韓非子
（？〜前233）
荀子の弟子で法家思想の大成者

ショーペンハウアー

ドイツの哲学者

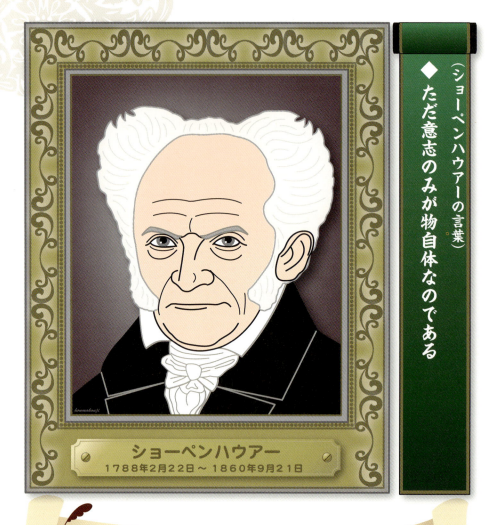

ショーペンハウアー
1788年2月22日 ～ 1860年9月21日

◆ ただ意志のみが物自体なのである
（ショーペンハウアーの言葉）

　ショーペンハウアーはドイツの哲学者で、カント（→ p.42）の認識論をもとに、インド思想（ウパニシャッド哲学）をつなぎ合わせた思想を展開しました。
　彼はカントのいう認識不可能な物は"生きようとする意志"であると主張しました。この意志とは、我々人間の最奥部に潜んでいる"何か"のことなのです。私たちはこれに突き動かされて生きています。そうした意志は、植物が成長したり、磁石が北極に向かうなど、表象（現象）の世界で生じている自然のさまざまな力を支える本質でもあるのです。こうした考えは仏教の源流であるウパニシャッドの哲学に言う、アートマン・ブラフマン（梵我一如）の思想と同じであるといえるでしょう。

エピソード

●世間の評価
31歳で自分の哲学を世に問う『意志と表象としての世界』を出版。本人は自信があったが、ほとんど売れなかった。世間に評価されはじめたのは50歳半ば過ぎてから。

●ヘーゲル批評
ベルリン大学で哲学の授業をもつことになり、当時、ベルリン大学の教授だったヘーゲルに面と向かってヘーゲル批判を展開、ヘーゲルはこれに手厳しく対応。

●けんか好き
ある時、年配の裁縫師がショーペンハウアーのアパートの扉の前で、友達と喋っているのをうるさく思い、その女を階段から突き落として、終身の傷害を負わせてしまった。

名言集

● だれもが自分の視野の限界を世界の限界だと思っている

● 私たちの知と学問のすべてが依拠している土台は、説明しえないものだ

● 運命がカードをまぜ、われわれが勝負する

● 人生の初めの40年は本文であり、後の30年は注釈である

> さらに詳しい内容については
> ▶ 清水書院　人と思想⑦
> 　『ショーペンハウアー』 遠山義孝 著
> 　を参照

年　譜

西暦(年)	年齢(歳)	年　譜	参考事項
1788		2月22日、ハンザ同盟の自由都市ダンツィに生まれる	カント『実践理性批判』
1803	15	父の提案に従い、一家でオランダ、イギリス、フランスの各地を旅行	
1804	16		カント没
1809	21	ゲッティンゲン大学医学科に入学	
1810	22	医学科から哲学科に移り、カントとプラトンの勉強をする	ベルリン大学創立
1811	23	ベルリン大学に移る	
1813	25	学位論文「充足理由律の四根について」で博士号を受ける。この頃から、ゲーテと交渉をもち、マイヤーを通じてインド哲学を知る	ライプチヒの戦い（諸国民戦争）
1815	27	ゲーテとの協同研究「視覚と色彩について」完成、翌年刊行	ビスマルク生まれる
1818	30	『意志と表象としての世界』刊行	マルクス生まれる
1820	32	ベルリン大学講師となるが、聴講者なく、失意に陥る	エンゲルス生まれる
1825	37	再びベルリンに戻るが、失意と挫折の日々を送る	
1833	45	フランクフルトに戻り、定住を決意、隠者的生活に入る	
1836	48	『自然における意志について』刊行	
1841	53	『倫理学の二つの根本問題』刊行	
1844	56	『意志と表象としての世界』第二版と「続編」刊行	ニーチェ生まれる
1847	59	『充足理由律の四根について』増補第二版刊行	
1851	63	『パルエルガ - ウント - パラリポメナ』刊行	
1854	66	『自然における意志について』第二版刊行	
1859	71	『意志と表象としての世界』第三版刊行	
1860	72	肺炎をおこし、9月21日死去	

親鸞 (しんらん)

鎌倉時代の浄土真宗の開祖

親鸞
1173年～1262年

（親鸞の言葉）

◆ 善人なをもて往生をとぐ。いはんや悪人をや

　法然(→ p.152)の浄土宗の教えを受け継ぎながらも、独自の考えを発展させた人物が浄土真宗の開祖である親鸞です。
　親鸞は、善人が極楽の世界に行けるならば、悪人(凡夫＝様々な欲望に惑う人)こそ行けるのだと言っています。これは、悪人が極楽の世界に行けるならば、当然、善人も行けるはずだ、という論法に反するものです。親鸞によれば、善人は自分の力におごってしまい、阿弥陀仏の慈悲にすがろうとする心が育たないが、悪人は自分の罪悪の深さ、非力さに気づき、それ故に阿弥陀仏を頼みにします。人間は自力では救われないのだから、阿弥陀仏の慈悲(愛)にすがればいいと、親鸞はいうのです。親鸞は人間の罪業からの解放を問題にしません。それは阿弥陀仏にまかせればいいからです。

エピソード

●その生涯
1173年に生まれ1262年に90歳で亡くなったという事実にもとづいているが（医療などのない当時においては常人ではない長寿だったといえる）、どこで誰の子として生まれたのかは明らかになっていない。親鸞の著書の中に自ら出生の記述はひとつもなく、両親についても何も記されていない。親鸞の曾孫、覚如が残した「御伝鈔」という著書に記述があり、現在はその話をもとに伝えられている。4歳の頃に父を亡くし、8歳の頃には母親も死んでしまい、9歳の頃に出家したと伝えられている。

●肉食妻帯
仏教の盛んだった日本で初めて堂々と妻をめとり、肉を食べ、魚を食べた僧である。本来は僧侶の妻帯は禁断だが、親鸞は規律に縛られる形式的な仏教のあり方を嫌って公然と結婚した。妻との間に4男3女の7子をもうける。禅僧で肉食妻帯を敢行した者といえば、室町時代の一休が有名。

名言集

- ●明日有りと　思う心の仇桜　夜半に嵐の　吹かぬものかは
- ●自身を深信する
- ●くすりあればとて毒をこのむべからず
- ●一人居て喜ばは二人と思ふべし

key word　『教行信証』と『嘆異抄』

親鸞の主著である『教行信証』は阿弥陀仏にすがるべしという絶対他力本願の思想を自らが説いたものです。これに対して、『嘆異抄』は弟子の唯円が親鸞の語りを記憶を元に文字に起こした作品です。それゆえに、『嘆異抄』には、親鸞の感じたまま、思ったままが表現されていて、それが読む人々に親しみと深い感銘を与えるのです。

年譜

（年齢は数え年）

西暦(年)	年齢(歳)	年　譜	参考事項
1173	1	親鸞生まれる	
1182	10	恵信尼（妻）生まれる	
1191	19	磯長の夢告	九条兼実、関白となる
1200	28	大乗院の夢告	道元生まれる
1201	29	六角堂の夢告（女犯の夢告）法然の吉水集団にはいる	
1204	32	源空の七箇条請文に署名	
1205	33	法然より選択集書写、肖像画模写を許される	興福寺の奏状出される
1207	35	越後へ流される（承元の弾圧）	九条兼実死ぬ
1210	38	このころ、承元の奏状を提出	
1211	39	流罪を許される。信蓮房誕生	
1214	42	常陸国にはいる	
1224	52	『教行信証』を書く	
1235	63	このころ、京都へ帰る	
1250	78	三夢記を覚信尼（娘）に送る	
1253	81	建長の弾圧	日蓮、日蓮宗を開く
1256	84	善鸞との縁を切る	
1262	90	親鸞死去	

さらに詳しい内容については
▶ 清水書院　人と思想⑧　『親鸞』　吉田武彦 著　を参照

スピノザ

オランダの汎神論哲学者

スピノザ
1632年11月24日 ～ 1677年2月21日

（スピノザの言葉）
◆人間が自らを自由であると思っているのは、誤っている。

　スピノザは17世紀オランダのユダヤ人哲学者です。父の家業を継ぐ一方で、独学で哲学を学びました。
　彼がとなえた汎神論によれば、自然の変化、私たちの行為などなどあらゆる出来事は神の営みで、この世に偶然は存在しないのです。すべてが神が定めたものであり必然で、意志の自由もありません。例えば、私が下した選択や決断もすべて神がそのようにさせたということになります。自由とは自分の行動の原因についての無知に由来するものなのです。また、物質であれ、精神であれ、この世に存在する万物は唯一の実体である神が変容したもの（様態）にほかならないと考えています。

エピソード

●ユダヤ教からの破門

富裕な商人の子として生まれ、ユダヤ教聖職者となるために教育を受けたが自由思想家にラテン語を学ぶなどしているうちに、ユダヤ教に反抗するものとの烙印を押され、23歳で教団を破門された。ユダヤ教からの破門は宗教的に絶縁されるだけではなく、ユダヤ人社会からの追放も意味していた。

●『エチカ』の発行

デカルト哲学を独学で学び、デカルト同様、確実な原理にもとづく哲学（合理論）を打ち立てたいと考え、そうして書かれたのが『エチカ』。1675年に完成したが出版社が見つからず公刊することができなかった。結局、『エチカ』の出版を見ることなく1677年、44歳の若さで死去。『エチカ』は友人たちにより1677年に出版された。

名言集

- ●神は自身のうちにあるいっさいのものの原因だ
- ●精神と身体はひとつだ
- ●人間精神は、神の無限の知性の一部だ
- ●自由な人が考えるのは、ほかならぬ死についてである。そして彼の賢明さは、そこから死ではなく、生について熟慮を始めることだ
- ●感情のままに左右される人間は、自分自身の主人ではなく、偶然の力に支配される
- ●ひとつのものが同時に善であったり悪であったり、そのいずれでもなかったりすることがある。たとえば、音楽は憂鬱な人には善であるが、喪に服している人には悪であり、耳の聞こえない人にとっては善でもなく悪でもない
- ●人があれもこれも成しうると考える限り、何も成しうる決心がつかない

年　譜

西暦(年)	年齢(歳)	年　譜	参考事項
1632		11月24日、オランダのアムステルダムに生まれる 父ミカエル＝デ＝スピノザの第3子	
1637	5	ユダヤ人学校「生命樹学院」入学	日本、島原の乱
1644	12	「律法学院」に入学	
1648	16	聖書の研究に励む。中世のユダヤ神学者たちの思想に接する	30年戦争の終結
1652	20	ファン＝デン＝エンデンのラテン語学校入学。ラテン語を通じてヨーロッパの学問に接することになる	第1次イギリス・オランダ戦争
1656	24	無神論者として告発され、7月27日ユダヤ教を破門される。ただちに「弁明書」を書く。家業を廃業	
1662	30	4月、オルデンブルクを介し、イギリスの科学者ボイルと「硝石の再生」について論争。この年の冬から同居の学生にデカルト哲学と新スコラ学を講義する	パスカル没 イギリス王立協会創設
1665	33	『エチカ』の執筆を中断、『神学・政治論』にとりかかる	
1670	38	ハーグに転居。『神学・政治論』の出版	
1674	42	『神学・政治論』が禁書とされる	
1675	43	『エチカ』完成するも、出版を断念。その後、『政治論』にとりかかる	オルデンブルクとの交通再開
1676	44	11月、ライプニッツの訪問をうける	
1677	44	2月21日、肺結核のため死去 2月25日、埋葬される 12月、友人たちの手により遺稿集『エチカ』が出版される	

さらに詳しい内容については
▶ 清水書院　人と思想⑱　『スピノザ』　工藤喜作 著　を参照

荘子(そうし)
老子の思想の後継者

荘子
紀元前３６９年 ～ 紀元前２８６年と推定されている

（荘子の言葉）
◆周の夢に胡蝶(こちょう)と為(な)るか、胡蝶の夢に周と為るか

　荘子は紀元前４世紀後半に生きていた人ですが詳しいことはわかりません。上の言葉は『荘子』にある、有名な「胡蝶の夢」の一節です。荘子（荘周）は眠りにつき、蝶になった夢を見ました。目覚めて思ったのは、自分が蝶の夢を見ているとふつうは言うが、逆に、現実とは、蝶が荘子になった夢を見ている状態なのではないのか。そう考えると、夢と現実は区別が付かなくなります。同様に、優と劣、美と醜、生と死はすべて等しいのです。これが荘子が言う、万物斉同(ばんぶつせいどう)の考えです。
　そして、生と死を同一と見る万物斉同の考えにたって、運命をそのままうけること、これが理想の生き方であり、これを体現する人を荘子は真人と呼びました。

エピソード

●その生涯

「史記」によると、宋の国生まれ(今の河南省)。老子に次ぐ道教の始祖の一人とされ、『荘子』は道教の教典となり、著書『荘子』は「南華真経」と呼ばれるようになった。生没年は推測の域を出ないが、実存を疑う説もある。

●『荘子』？

荘子は紀元前4世紀後半に生きていた人である。人と交わることを嫌って隠遁生活を送っていたらしいが、このような断片的な逸話だけで、詳しい生涯はわからない。作品の『荘子』も後に、弟子などが勝手に文章を書き加えたらしく、どこまでが荘子のオリジナルかもわからない。

しかし、『荘子』は老荘思想の古典として読み受け継がれてきた。儒学が国家公認の表の思想であるのに対して、老荘思想(道教)は裏の思想として、中国の民衆の精神に浸透してきたのである。

名言集

●井の中の蛙、大海を知らず
●駿馬は、一日に千里走ることができるが、鼠を捕まえることでは猫にはかなわない
●一人で立てた計画は不完全だが、二人で立てた計画はもっとよい
●自然には差別はなく、命は等しい
●不言の言を聞く
●人みな有用の用を知りて、無用の用を知るなきなり
●命長ければ恥多し
●其の俗に入らば、其の俗に従う
●至人は己無し、神人は巧無し、聖人は名無し
●いかなる人も、夢を見ている限り、それが、夢であることに気づかない
●犬はよく吠ゆるを以って良とせず、人はよく話すを以って賢とせず
●兄弟は手足、手足を断てば、再び継ぎ難い

さらに詳しい内容については
▶ 清水書院　人と思想㊳　『荘子』　鈴木修次 著　を参照

実力クイズ

(答えは p.208)

問題①　次の4人のうち、著作を残さなかった人物は？

A・ソクラテス　B・プラトン　C・ニーチェ　D・サルトル

問題②　次の4人のうち、「東洋のルソー」と呼ばれた人物は？

A・福沢諭吉　B・中江兆民　C・内村鑑三　D・河上肇

ソクラテス
古代ギリシャの哲学者

ソクラテス
紀元前469年頃 〜 紀元前399年4月27日

（ソクラテスの言葉）
◆ なんじ自身を知れ

　ソクラテスはある時、アポロン神殿の巫女から「ソクラテスに勝る賢い者はいない」という神のお告げ（これをデルフォイの神託という）を聞き、その真偽を確かめるため、様々な知恵者と議論を重ねました。そのすえ、ソクラテスはやはり自分が一番の賢者であると確信したといいます。彼らは善とは何か、人はいかに生きるべきかについて、わかっていないことがわかっていない（無知の無知）が、自分はわかっていないことだけはわかっている（無知の知）のだからと。ソクラテス自身もいかに生きるべきか、この問いに対してまだ答えを導くことはできません。しかし、こうした知識を愛し、求める試み（知を愛する＝哲学）に挑まねばならないと主張するのです。

エピソード

●奇人

裸足で町を歩き回ったかと思うと、何時間も立ちつくすという奇人ぶりで、当時のアテナイ（ギリシャ共和国の首都アテネの古名）では浮世離れした人物として有名であった。

●最後

アテナイの同胞たちと哲学的議論を繰り広げては若い信奉者を獲得。アテナイの若者を惑わしたという罪で告訴され有罪判決。国の決定には市民として従わねばならないとして、脱獄の機会があったにもかかわらず、有罪の評決を受け入れ、毒ニンジンの杯をあおり、亡くなった。

名言集

●吟味されることのない人生など生きるに値しない

●自分は世界市民だ

●自分が無知であるという事実のほかには私はなにも知らない

●大事なことは、ただ生きるということではなく、善く生きるということなのだ

●嘘はいつまでも続かない

●良い本を読まない人は、字の読めない人と等しい

●真の賢者は己の愚を知る者なり

●良い妻を持てば、幸福になるだろう。悪い妻を持てば、哲学者になるだろう

> さらに詳しい内容については
> ▶ 清水書院 人と思想③
> 『ソクラテス』 中野幸次 著 を参照

年　譜

西暦(年)	年齢(歳)	年　譜	参考事項
紀元前470～469	1	アテネのアロペケ区に生まれる。父プロニコスは石工（彫刻家）。母バイナレテは助産師であったと伝えられる	このころのアテネは、前594年のソロンの立法により民主政治が基礎付けられ、前508～507年のクレイステネスの改革を経て、黄金時代を迎えようとする
前452	17	アルケラオスに師事。それより12年ないし15年交際する	
前449	20	自然哲学の研究に関心をもつ。知的好奇心も旺盛	アテネの国力充実。ペリクレスの黄金時代を迎える。アクロポリスの丘にパルテノン神殿の建設開始。テミストクレスの自殺はこのころと伝えられる
前445	24	アルケラオスの正式の弟子になったといわれる	
前432～429	37～40	北部バルカンの都市ボディダイア包囲戦に従軍、勇名をとどろかす	431年、ペロポネソス戦争始まる（～前404）
前429～428	40～41	ボディダイア戦線より帰還。デルフォイの神託をうけアゴラ（市場）や街頭・公園・体育場などで問答を開始	アテネ衰亡に向かう
前424～423	45～46	ボイオティア地方東端の要所デリオンの戦いに、重装兵として参加。沈着・冷静な勇敢さを発揮	
前419	50	妻クサンチッペと結婚したのはこのころと推定させる	
前407	62	プラトンと初めてめぐりあう。あるいはもっと前から知り合っていたかもしれない	
前406～405	63～64	プリュタネイオン（政務審議会）の執行委員となる	アテネ軍、アイゴスポタモイ海戦で、スパルタ軍に撃破される
前404	65	独裁政権本部に呼び出され、他の4人とともに、サラミスのレオンの逮捕を命じられたが、不正な命令として無視、ひとり帰宅	アテネ無条件降伏。ペロポネソス戦争の終結。クリチアスの30人独裁政治出現
前403	66		アテネ民主政治回復
前399	70	民主派の代表アニュトスらから、アテネの法廷に告訴される。500人の陪審員に裁かれ、無罪を弁明したが、2回の票決で死刑確定。同年2月か3月毒杯を仰いで死去	

83

孫文
中華民国を建国

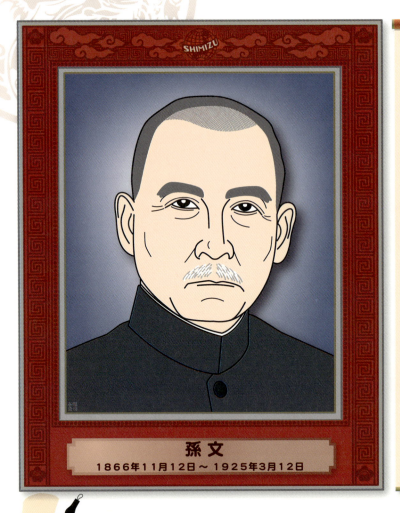

孫文
1866年11月12日～1925年3月12日

◆〈孫文の言葉〉
説くところは、三大主義、すなわち、第1は民族主義、第2は民権主義、第3は民生主義であります

　孫文は1911年、辛亥革命を主導して、清朝中国を倒し、中華民国を建国しました。その政治方針として、この言葉のように三民主義を掲げました。
　民族主義とは漢民族、満州族、モンゴル人、イスラム教徒、チベット人の5族が共生した状態をいいます。民権主義とは民主主義国家、憲法を備えた立憲国家を樹立することを言います。民生主義とは貧富の格差を是正する経済対策を言います。
　以上をまとめれば、民族主義は民族革命、民権主義は政治革命、民生主義は社会革命を実行する理念といえます。

エピソード

●日本名

日本亡命時に、東京・日比谷公園付近に住んでいた時期があった。公園界隈に「中山」という邸宅があったが、孫文は表札の字が気に入り、自身を孫中山と号すようになった。日本滞在中は名前を「中山 樵」と名乗っていた。「中山」は貴族院議員の中山忠能の姓から来ている。

●あだ名

小さい頃からのあだ名は「孫大砲」。意味は「孫の大ほら吹き」。非常に短気で激昂しやすい性格だった。

名言集

●ローマと同時代の漢代に強く主張された思想は反帝国主義であった。また宋、明に至るまで、中国は外国を侵略したことがない。これは中国の光栄である

●中国は昔から、弱いものを救い、危ないものを助けるという伝統がある。中国がもし強大になれば、世界に対して一つの重大な責任を負わねばならない

●革命いまだ成らず

> さらに詳しい内容については
> ▶ 清水書院　人と思想㉗　『孫文』
> 　横山 英・中山義弘 共著を参照

年　譜

西暦(年)	年齢(歳)	年　譜	参考事項
1866		11月12日、広東省で生まれる	
1868	2		明治維新
1879	13	兄に招かれてハワイへ	
1892	26	香港の西医書院を卒業、マカオで開業	
1894	28	李鴻章に意見書を提出。ハワイで興中会を結成	日清戦争
1895	29	広州で第一回蜂起失敗。来日し、興中会横浜支部を結成	
1897	31	アメリカをへて再度日本へ。犬養毅らと交友をむすぶ	
1898	32	日本で活動	戊戌の変法
1900	34	広東省恵州で蜂起するが失敗	義和団事件
1905	39	東京で中国革命同盟会を結成。蒋介石と出会う。機関誌「民報」発刊	科挙廃止
1906	40	東京神田で三民主義・五権分立について講演。日本政府に退去を勧告され、シンガポールに向かう	南満州鉄道株式会社設立
1911	45	アメリカから帰国後、臨時大総統に推薦される	辛亥革命
			袁世凱内閣の成立
1912	46	南京で臨時大総統に就任。臨時憲法を発布して共和制を宣布。中華民国成立	
1913	47	借款交渉で来日。宋教仁総理暗殺事件で帰国。第二革命をおこし、失敗して日本に亡命	正式大総統に袁世凱が就任
1914	48	東京で中華革命党を結成。宋慶齢と結婚	第一次世界大戦
1915	49	第三革命に乗じ、反袁世凱運動を画策	日本が二十一か条の要求
1919	53	中華革命党を中国国民党に改組し、総理となる。「建設雑誌」を発刊	五・四運動
1921	55		中国共産党成立
1923	57	孫文＝ヨッフェ共同宣言。広州で大元帥府を設立	
1924	58	広州で中国国民党第一回全国代表大会を開き総理に就任。連ソ・容共・労農援助の三大政策を発表	第一次国共合作
1925	59	3月12日、死去	五・三〇運動

ダーウィン
イギリスの博物学者

ダーウィン
1809年2月12日〜1882年4月19日

◆ダーウィンの言葉

有利な変異が保存され、有害な変異が棄てさられていくことをさして、私は「自然選択」とよぶのである

　ダーウィンは進化論を主張したイギリスの代表的科学者です。主著『種の起源』で、生物の進化を自然選択（淘汰）の考え方で説明しました。これは環境に適応した変種をもつ個体は生存し、そうでない個体は死滅するという考え方です。生物の種は固定されているのではなく、たえず変異をくり返しているのです。こうして進化論は科学としての説得力を持つことができるようになったのです。
　ダーウィンは、1831年から36年までイギリスの海軍の測量船ビーグル号の航海を通じて、進化論の着想につながる重要な経験や発見をしたといわれています。

エピソード

●収集家
貝殻、石、昆虫、コイン、配達証明書などなど、色々な物を集めるのが大好き。学校での勉強は歴史と文学ばかりで興味のあった博物学や科学は登場しなかったため、学校生活にうんざりして、より、趣味に夢中になり成績は悪かった。

●趣味・特技
趣味は散歩、読書、バックギャモン（双六のようなゲーム）。特技は鳥の巣を見つけること。

●進化論の裏話
ダーウィンは1838年には荒削りだが、自然選択（淘汰）の考えを抱くに至っている。しかし、それを未発表の状態にしたまま、1858年を迎える。この年の6月、ダーウィンよりも14歳年少の博物学者アルフレッド・ウォレスが、独自の調査と研究から、ダーウィン宛に、自然選択（淘汰）の考えを明らかにした未発表の論文を送ってきたのだ。あわてたダーウィン側は、ダーウィンが昔、書いた未発表の自然選択に関する論文とウォレスのこの論文を同時発表するという措置をとって、ダーウィンの方が先に自然選択説を唱えていたとした。

名言集

- ●原因を探求し続ける力が、人を発見者にする
- ●生き残るのは、最も強い種でも、最も知的な種でもない。最も変化に適応できる種が生き残るのだ
- ●自然淘汰とは、有用でさえあれば、いかに小さな事であろうとも、保存されていくという原理である
- ●わたしが科学で成功した最も重要な点は、科学への情熱と長い探求を続けてきたことにある
- ●人間は自分が神によって創造された傑作だと信じているが、それならむしろわたしは人間が動物によって創造されたと信じる

key word　自然淘汰

自然選択（自然淘汰）とは普通よりも首の長い変種のキリンは、そうでないキリンに比べてより葉っぱを取るのに有利なため、環境の変化によって、食糧不足などが起こったときでも生存することができるという考えである。環境の変化という「ふるい」にかけられた結果として、変種である首の長いキリンが生存を維持することができたと考える考え方である。

年　譜

西暦(年)	年齢(歳)	年　譜	参考事項
1809		2月12日、イギリス中西部に生まれる	ラマルク『動物哲学』
1825	16	医学を志しエジンバラ大学に入学	世界最初の鉄道開通
1828	19	ケンブリッジ大学神学部に入学するが、植物学教授のヘンスローに師事	
1831	22	ビーグル号に乗船、5年にわたり、南アメリカ大陸、ガラパゴス諸島、オーストラリア、ニュージーランドなどを調査	
1837	28	種の問題についての最初のノートブック記す	ヴィクトリア女王即位
1838	29	マルサスの『人口論』を読み、進化論のヒントを得る	
1939	30	『ビーグル号航海記』出版	
1844	35	種の問題についての試論を記す	チェンバース『創造の自然史の痕跡』
1858	49	ウォレスから未発表の論文と手紙が届く。ウォレスの論文とともに共同論文として進化学説発表	スペンサー『科学的、政治的および思索的論集』をダーウィンに贈る
1859	50	『種の起源』出版	
1879	70	バトラーとの論争	バトラー『新旧の進化』
1881	72	『ミミズの作用による腐植土の形成』出版	
1882	73	4月19日、死去	

さらに詳しい内容については
▶ 清水書院　人と思想⑥⑥　『ダーウィン』　江上生子 著　を参照

87

田中正造
明治時代の政治家

田中正造
1841年12月15日 〜 1913年9月4日

◆（田中正造の言葉）
河川治水の本義は天然の地勢を順用するにあり。水勢の赴く所に任せて是に干渉せざるを本義とせり

　日本の公害の原点といえば足尾銅山鉱毒事件です。この問題の解決に向けて自らの半生を捧げたのが田中正造です。正造は帝国議会の議員として、足尾銅山の操業停止を求め、政府を追及しました。議員を辞職した後には、天皇への直訴を試みるとともに、自ら谷中村に移り住んで抵抗しました。
　足尾問題に取り組んでいくなかで、正造は独自の水の思想を確立していきます。明治以降、日本はヨーロッパの堤防技術を取り入れて、河川に連続した堤防を築いていきました。正造はこうした治水の考えを批判します。川の水にはあふれんとする本性がある、あるいは蛇行させればその力は弱くなる本性がある。こうした水の特徴（水勢）に逆らうことなく、これに任せて治水は行うべきだというのです。

エピソード

●結婚

となり村のカツという娘を愛するようになるが、なかなか結婚を申し込めなかった。しかし、カツの両親が相次いで亡くなり、じっとしていられなくなり、となり村へ出かけて結婚を申し込むと、むりやりカツをかごに入れて帰り結婚した。その時、正造23歳でカツは15歳だった。

●足尾鉱毒事件

日本初の公害事件と言われる足尾銅山事件の解決に一生を捧げ、明治天皇に直訴したのは有名。財産はすべて鉱毒反対運動などに使い果たし、亡くなった時、枕元には、すげ笠とずだ袋がひとつ。その中には日記、大日本帝国憲法、新約聖書と石ころだけで、無一文だったという。

名言集

●戦うに道あり。腕力殺伐を持ってするものと、天理によりて広く教えて勝つものと、2つの大別あり。予はこの天理によりて戦うものにて、たおれてもやまざるはわが道なり

●あなたがたが見ておれば、政府は悪事をなさず。見るの力は法律より強し。見ざれば、法律を私製して悪事を働きて憚ることなし

●人間は終局を思うようなことでは、仕事はできん。「道は俺が開いてやる。開けるだけ開いてやる。後の始末はしてくれよ」という考えでなければ、何事もできないよ

●真の文明は山を荒らさず、川を荒らさず、村を破らず、人を殺さざるべし

年譜

(年齢は数え年)

西暦(年)	年齢(歳)	年譜	参考事項
1841	1	11月3日（旧暦）、現在の栃木県佐野市に生まれる	
1859	19	父の後任として名主となる	
1869	29	高家六角家に対する改革運動で捕われ、6か月で釈放	版籍奉還
1876	36		古河市兵衛、足尾銅山の経営開始
1879	39	『栃木新聞』を再刊し、編集長となる	
1882	42	立憲改進党に入党	
1885	45		足尾銅山の鉱毒、渡良瀬川に広がる
1890	50	栃木三区より衆議院議員に当選	渡良瀬川大洪水
1891	51	はじめて「足尾銅山鉱毒の儀につき質問書」を提出、以降質問をくり返す	
			これ以後も渡良瀬川たびたび洪水
1900	60	議会史上に残る「亡国演説」を行い、憲政本党から脱党。陳情団が警官隊と衝突する川俣事件発生	
1901	61	10月23日、衆議院議員を辞職	
		12月10日、議会開院式より帰途の天皇に直訴	
1902	62		渡良瀬川洪水。谷中村堤防破壊
		渡良瀬川下流に遊水池建設のため、埼玉県が川辺・利島両村の買収を計画。両村民は、拒絶し買収案中止となるが、同じ案が谷中村に浮上	
1904	64	谷中村問題に専念するため、以後、同村に住む	
1905	65	買取承諾の村民が移住開始	原敬、古河鉱業副社長に就任
1907	67	政府、谷中村に土地収用法適用。足尾銅山暴動事件	渡良瀬川大洪水
1912	72		明治天皇崩御
1913	73	支援者宅の庭先で倒れ、9月4日、死去。遺骨は被害地6か所に分骨	

さらに詳しい内容については

▶ 清水書院 人と思想⑤ 『田中正造』 布川清司 著 を参照

デカルト
フランスの哲学者・近代哲学の父

（デカルトの言葉）
◆ われ思う故にわれあり

デカルト
1596年3月31日 ～ 1650年2月11日

　デカルトはフランス出身の哲学者、数学者です。新しい学問、知識を築くためにデカルトは、一切のものを疑ってかかります。しかし、疑っている自分の存在は疑うことができません。この「われ思う故にわれあり」というデカルトの有名な言葉は、私の存在の根拠は思考能力＝理性に求めることができるという考えを宣言したものなのです。その理性とはデカルトにとって、数学を使って自然を探究し、真理を発見するはたらきでもあります。
　デカルトが「近代哲学の父」と称されるのは、彼が誰よりも先に科学的思考を基礎付けようとしたからなのです。

エピソード

●早起きが苦手
体が弱く血圧が低かったのか、早起きが大の苦手。10歳でラ-フレーシュ学院に入学するが朝寝坊は直らない。ところが、ずば抜けて成績が良かったのと、学院の校長が理解ある人だったため、朝寝坊による遅刻を公認されることになった。

●早起きで病死？
スウェーデンのクリスティーナ女王から熱烈な招請を受け、1649年にストックホルムに移るが、クリスティーナ女王がとても早起きで、早朝5時から哲学の講義を依頼されてしまう。苦手な早起きが災いしたのか、スウェーデン移住から半年も経たないうちに風邪をこじらせて肺炎を併発し、病死してしまった。

名言集

● 少なくとも人生において一度は、可能なかぎりあらゆる事物を疑ってみる必要がある

● 無限の力と狡猾さをそなえた悪神がいて、そのもてる力をすべて注いで私を欺こうとしていると想定してみよう

● 「私は在る、私は実在している」という命題は、私によって言いあらわされる、あるいは私の精神のなかで思いうかべられる、そのたびごとに、必然的に真だ

● 個別のことがらについての知識の獲得にとりかかる前に、人間理性によって到達しうる知識がどういった種類のものなのかについて探究しておかねばならない

年譜

西暦(年)	年齢(歳)	年　譜	参考事項
1596		3月31日、フランスのトゥレーヌ州に生まれる	
1606	10	ラ-フレーシュ学院に入学	
1614	18	ラ-フレーシュ学院卒業、ポワティエ大学に入学し、法学・医学を学ぶ	
1618	22	オランダへ赴き、軍隊に志願将校として加わる。『音楽提要』を草し、ベークマンに贈る（1650年刊行）	三十年戦争
1619	23	ドイツなどへ旅行するが軍隊に戻り、ドナウ川のほとりの炉部屋で「驚くべき学問の基礎」を発見	
1625	29	光学の研究に熱心で、「光の屈折の法則」（スネルの法則）を見いだす	
1628	32	『精神指導の規則』を執筆（1701年刊行）	
1633	37	ガリレイの有罪判決を知り、『宇宙論（世界論）』の刊行を断念する（1664年出版）	ガリレイ、地動説擁護で有罪となる
1637	41	『方法序説』をフランス語で刊行	
1643	47	ユトレヒト市議会で欠席裁判により有罪判決が下る	
1644	48	『哲学原理』をラテン語で刊行。動物・植物・鉱物について実験し、真空論争にも加わる	トリチェリ、真空の実験
1654	49	ユトレヒト市議会、デカルト哲学についての論議をいっさい禁止	
1647	51		パスカル「真空に関する新実験」
1648	52	『人間論』を書きあげる（1664年刊行）	ウェストファリア条約締結
1649	53	『情念論』をフランス語で出版	ピューリタン革命終結
1650	54	2月11日、女王への進講のため訪れていたスウェーデンで肺炎を患い、死去	

さらに詳しい内容については
▶ 清水書院　人と思想⑪ 『デカルト』 伊藤勝彦 著　を参照

デューイ
アメリカを代表する哲学者

デューイ
1859年10月20日 ～ 1952年6月1日

（デューイの言葉）
◆教育は経験の絶えまない改造、再造にほかならない

　デューイは19世紀末から20世紀中盤にかけて活躍したアメリカを代表する哲学者で、プラグマティズムという学派の中心的人物です。
　デューイは教師が一方的に知識や学問を講義していくような教育を、伝統的教育と呼びこれを退けました。彼によれば、教育とは既成の学問を子供に教え込むものではなく、子供自身の興味や自発性にもとづいて、子供の日常の生活経験のなかで抱えている様々な課題や問題を解決することで経験を深め、蓄積していくこととしました。
　デューイの教育では、教室で子供たちはじっとイスに座っているのではなく、何かの作業に打ち込んでいたり、クラスメートと話し合ったりしながら課題を遂行します。

エピソード

●家庭環境

裕福とはいえない家庭で、少年時代は新聞配達や農場の手伝いなどをして小遣いを稼いだ。

15歳のとき、兄が通っていた名門バーモント大学に入学。ダーウィンの進化論や　オーギュスト・コントの実証主義哲学・社会哲学などに感化。

●来日経験

1919年2月9日、日本に来日。友人であった日本の教育者、新渡戸稲造が学長をつとめる東京女子大の宿泊施設に滞在した。

key word　プラグマティズム

プラグマティズムとは、①真理とは有用・有益な事柄である、②理性とは人間が環境に適応して生きるための道具である、③人間は経験を重ねることを通じて知識を新たにしていく、といった思想内容を特徴とする。

名言集

●私たちは困難に直面したときにだけ思考する

●私たちにできるのは哲学的問題を解決することではなく、それをさっさと片づけることだ

●教育は、語ったり語られたりすることにかかわることがらではなく、能動的で構成的な過程だ

●知性は私たちがそれを用い、結果に対する責任を受け入れてゆく度合いに応じて私たちのものになってゆくのである

●子供の教育は、過去の価値の伝達ではなく、未来の新しい価値の創造にある

●人間は理性の生き物でもなければ、本能の生き物でもない。人間は習慣の生き物である

●失敗は一種の教育である

●教育が進歩しなければ、社会もまた進歩しない

年　譜

西暦(年)	年齢(歳)	年　譜	参考事項
1859		10月20日、バーモント州に生まれる	
1875	15	バーモント大学に入学	このころ「形而上学クラブ」でプラグマティズム運動がはじめられる
1884	24	ジョンズ‐ホプキンス大学大学院修了、哲学博士、ミシガン大学哲学選任講師	
1891	31		ウィリアム‐ジェームズ『心理学原理』
1894	34	シカゴ大学哲学・心理学・教育学主任教授となる	
1896	36	シカゴ大学付属実験学校設置、校長となる	
1899	39	『学校と社会』	
1905	45	シカゴ大学を辞任し、コロンビア大学の哲学教授に	
1907	47		ウィリアム‐ジェームズ『プラグマティズム』
1916	56	『民主主義と教育』	
1919	59	日本訪問	
1920	60	『哲学の改造』発行	
1922	62	『人間性と行為』	
1929	69	『確実性の探究』	世界恐慌
1930	70	『絶対主義から実験主義へ』	アメリカに論理実証主義運動おこる
1944	84	進歩主義教育連盟がアメリカ教育連盟と改称、名誉総裁となる	
1952	92	6月1日、ニューヨークにて死去	

さらに詳しい内容については
▶ 清水書院　人と思想㉓　『J. デューイ』　山田英世 著　を参照

道元
鎌倉時代の曹洞宗の開祖

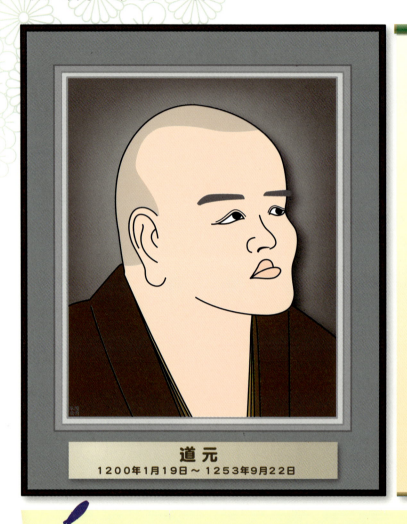

道元
1200年1月19日～1253年9月22日

（道元の言葉）
◆学道の最要は、坐禅、是、第一也

　道元は親鸞（→ p.76）とほぼ同時期の仏僧で、曹洞宗の開祖です。23歳で宋（中国）に渡り、曹洞宗の高僧の弟子となりました。帰国後は中国で得た曹洞宗の教えを人々に説き、晩年には北陸（福井県）に赴いて、永平寺を建立しました。
　上の文章は、悟りの道を学ぶうえでもっとも重要なのは坐禅が第一であるという意味なのですが、道元は黙して坐禅に没入することにより自力で悟りを開くことを主張しました（只管打坐）。坐禅とは、道元にとって、煩悩や雑念を排除した状態に達することができる悟りそのものなのです（修証一如）。そして坐禅を通じて人は我欲を滅却し、利己主義的な自分を乗りこえることができると考えたのです。

エピソード

●坐禅

真の仏道をもとめ、宋（中国）へ渡る。天童山の知浄禅師のもと、坐禅を中心とした修行から悟りを得、帰国後に曹洞宗を開く。経典など何一つ持たず、ひたすら坐禅をする「只管打坐」の教えを身につけて宋（中国）から帰国した。

●『正法眼蔵』

道元が執筆した仏教思想書『正法眼蔵』は、和辻哲郎、ハイデッガーなど、西洋哲学の研究家からも注目を集めた。

名言集

- ●何事も一心不乱にやれば宇宙の真理を体で感じとることができる
- ●愛語は愛心よりおこる、愛心は慈心を種子とせり
- ●仏道修行の功を以て　代りに善果を得んと思ふことなかれ
- ●仏道を習う事とは、自己を習う事なり。自己を習う事とは、自己を忘れる事なり
- ●人の悟りをうる、水に月のやどるが如し
- ●一切、世俗に背くべし
- ●生死の中に仏あれば、生死なし
- ●貧しくあれ、豊かになれば、必ず志を失う
- ●我が身　愚鈍なればとて　卑下することなかれ

年　譜

（年齢は数え年）

西暦(年)	年齢(歳)	年　譜	参考事項
1200	1	道元、京都に生まれる	幕府、念仏宗を禁止
1207	8	母を失う	法然、親鸞流される
1213	13	比叡山に登り、横川千光房に入る	このころ、鴨長明『方丈記』を書く
1213	14	天台座主・公円について受戒（正式に仏僧となる）	北条義時、執権となる
1223	24	明全とともに入宋する	
1224	25	諸山巡歴の旅に出る	北条義時死ぬ
1225	26	天童山の如浄に相見する	
1227	28	如浄より嗣書を相承する。帰国し、建仁寺に入り、『普勧坐禅儀』を書く	法然の大谷噴墓が破壊される
1231	32	このころから『正法眼蔵』を書きはじめる（1253年に亡くなるまで）	
1233	34	深草、観音導利院に移る　『現成公案』を書く	
1236	37	宇治に興聖寺を開く	
1237	38	『典座教訓』を書く	
1243	44	越前志比庄（福井県）に移る	
1244	45	大仏寺を開く	
1246	47	大仏寺を永平寺と改称する	北条時頼、名越一族を撃つ
1252	53	この秋、病にかかる	
1253	54	療養にため上洛、8月28日、覚念邸にて死去	日蓮、鎌倉で伝道する

さらに詳しい内容については
▶　清水書院　人と思想42　『道元』　山折哲雄 著　を参照

key word　臨済禅と曹洞禅

栄西が開いた臨済宗の場合、禅は公案禅と言って、公案（先人の教えなどについて質問された問題）を解きながら悟りを開こうとするのだが、こうした座禅の方法を道元は認めない。こうしたことも一因となって、道元の教えは他の宗派から攻撃される。しかし、その教えは、弟子や後継者たちを通じて徐々に全国各地に広まっていった。

トマス・アクィナス

中世ヨーロッパの神学者

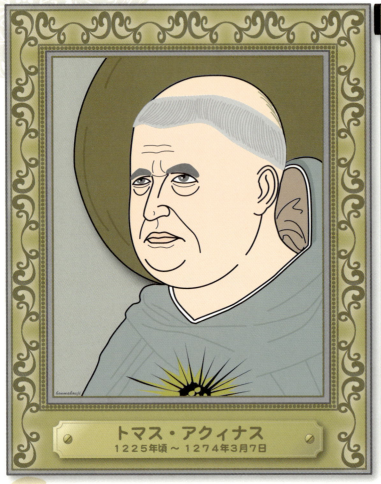

トマス・アクィナス
1225年頃～1274年3月7日

（トマス・アクィナスの言葉）
◆われわれは神が三位にして一体であるというような、自然理性によっては到達しえないことがらを…恩恵の啓示のおかげでよりいっそう豊かに認識するのである

　　トマス・アクィナスは中世ヨーロッパのキリスト教神学・哲学の世界で最も影響力のある人物でありスコラ哲学の大成者といわれています。
　　トマスによれば、神を知りうる方法に2つあるといいます。1つは理性（自然理性）による把握です。理性による把握として、トマスは合理的な論法を使って、神が存在することを証明しようと試みました。
　　もう1つは神の啓示（現れ）による理解です。自然理性の他に、我々が神を知り、それにより救われるのは神の啓示によるというのです。神はその恩恵により聖書に自らをあらわしたのであり、我々はこれを信仰を持って受け止めればいいというのです。

エピソード

●ドミニコ会

家族は将来、トマスが大修道院の大修院長となって一族の繁栄に貢献してくれることを期待していたが、18歳のときにドミニコ会に入会し家族は大反対。トマスを退会させるため、監禁した部屋に半裸の美少女を送り、彼女にトマスを誘惑させるという荒療治に出た。トマスも思わず戒律を破りそうになったらしいが炉から燃えている薪(たきぎ)を取り出し、彼女を部屋から追い出した。最終的にはトマスの固い決意に家族もギブアップ。監禁から一年後にドミニコ会に戻った。

●あだ名

1248年、ケルンのドミニコ会修道院に大学を創設することになったアルベルトゥスに従い、ケルンに移る。身体が大きく無口なトマスに「鳴かない牛」というあだ名をつけられる。

名言集

- ●神によって創造されてあるということと、それが永遠に実在するということのあいだに矛盾があるかどうかを見てみなければならない
- ●誰かを愛することは、その人に幸福になってもらいたいと願うことである
- ●存在するものは、みな良きものである

key word 『神学大全』

トマス・アクィナスの主著で，スコラ哲学の完成ともいうべき大作でキリスト教三大古典の一つ。信仰と理性の調和をはかる。作品そのものは未完に終わったが，以後のスコラ哲学の基本となる。

> さらに詳しい内容については
> ▶ 清水書院 人と思想⑭
> 『トマス＝アクィナス』 稲垣良典 著
> を参照

年　譜

西暦(年)	年齢(歳)	年　譜	参考事項
1225？		ローマとナポリの中間のアクィノ町近郊ロッカ - セッカ城に生まれる。父は騎士ランドルフォ、母はナポリのテアテ家出身のテオドラ	
1230〜1231	5〜6	モンテ - カシーノのベネディクト会修道院に修道志願児童として送られ、初等教育を受ける	
1239	14	モンテ - カシーノを去り、ナポリ大学に入学	
1243	18	ナポリ、サン - ドメニコ - マッジョーレ修道院でドミニコ会に入会	
1248		アルベルトゥスにしたがってケルンに移る	第7回十字軍
1250？		司祭に叙階される	
1252		パリ、ドミニコ会のサン - ジャック修道院で命題論集講師としての仕事を始める	
1256	31	パリ大学神学部の教授（マギステル）に就任。教授団の反対で、教授としての正式な活動は不可能	神聖ローマ帝国、大空位時代
1260		ドミニコ会ローマ管区の修道会顧問となる	シャルトル大聖堂近献堂
1261		オルヴィエトのドミニコ会修道院で教授・著作活動	
1265	40	ローマのサンタ - サビーナ修道院に設立されたドミニコ会神学大学で指導『神学大全』執筆開始	イギリス議会の召集
1272		ナポリにドミニコ会の神学大学を創設	
1273		12月6日、聖ニコラウスの祝日、一切の著作活動を停止する	
1274	49？	3月7日、早朝死去 3月9日、シトー会修道院で葬儀が行われ、遺体は中央祭壇の前に埋葬される シトー会修道士によるトマスの遺体隠匿の工作が続く	

97

中江兆民
明治時代の自由民権の思想家

中江兆民
1847年12月8日～1901年12月13日

（中江兆民の言葉）
◆民権是れ至理なり、自由平等是れ大義也

　人民の権利は最高の価値である、自由と平等は社会や人間が存立する根拠である、と中江兆民は言っています。
　兆民と言えば、1874年10月ルソーの『社会契約論』を『民約論』のタイトルで翻訳するなど、国民主権を初めとする民主政治の基本原理を世に紹介した思想家です。自由民権運動の発展にとって兆民は大きな影響を与えました。その功績から兆民は"東洋のルソー"と呼ばれています。
　兆民は、人権は獲得するものでもらうものではないとしていますが、明治期の日本では、革命による人権獲得は無理であると考えていました。彼は恩賜的民権を育て、人権保障の確立をめざしたのです。

エピソード

●相当な変人
多くの奇行が伝えられ、芸者遊びが大好き。裸になって群衆を追い散らしたり、紙幣をたくさんばらまいて芸者たちに拾わせて喜んでいたという。ある時、とりまきを連れて芸者遊びをして酔っ払った兆民は、芸者さんの目の前で下半身丸裸になりもしている。

●写真嫌い
写真嫌いで知られ、単独で撮った写真は二枚しか残っていない。日記も自伝も書かなかった。

●スモモの木
兆民の家に大きなスモモの木があった。たくさんの実がなり、近所の子どもたちがたくさん実を採りに集まった。そこで兆民は木によじ登ってスモモの実をばらまいて、子どもたちを大喜びさせた。

●発言なし
民主政治を広めた先駆者でありながら、議員として採決に臨んでは、周りの議員に聞きながら行った。議場ではまったく発言しなかったと報じられている。

名言集

- それ商徳とも称すべきは機敏と信用と耐忍との三の者なり
- 悲しいかな、きみらはこの汽車に後ろ向きに乗って、しかしてすましておれり。前方を見ることなし。きみらの精神はいよいよ時世に後れつつあり
- 家庭は主人の城壁なり
- 戦争は帝王にとっては 結局遊びのひとつにすぎないのだ
- わが日本、古より今に至るまで哲学なし。哲学無き人民は何事なすも深遠の意無くして浅薄を見れず

key word　無血虫の陳列場（むけっちゅうのちんれつじょう）

1890年11月、第1回めの衆議院議員となるのだが、兆民にとって、帝国議会の有様は許し難いものであった。裏切り、駆け引きが横行していたのである。特に、自分の同郷の自由党土佐派の面々が寝返って政府と結託したことに兆民は憤りを覚えた。我慢の限度を超えた兆民は、帝国議会を〝無血虫の陳列場〟（冷酷な奴らの集まり）と公言して、わずか3か月で議員を辞職してしまう。

年 譜

西暦(年)	年齢(歳)	年　譜	参考事項
1847		足軽の子として土佐藩に生まれる	
1862	15	藩校「文武館」に学ぶ	
1865	18	土佐藩留学生として長崎へ行き、フランス語を学ぶ 坂本龍馬と出会う	
1867	20	後藤象二郎の援助で江戸へ行く	大政奉還
1871	24	岩倉使節団に加わり、フランスへ留学、哲学や歴史を学ぶ	廃藩置県
1874	27	帰国後、自宅に仏蘭西学舎を開く。ルソーの『社会契約論』を『民約論』として和訳	民撰議員設立建白書
1881	34		国会開設の勅諭、自由党結成
1882	35	「東洋自由新聞」の主筆となる ルソー『社会契約論』の漢文訳を『民約訳解』として刊行。兆民と号する	立憲改進党結成
1887	40	条約改正運動で大阪に追放される 『三酔人経綸問答』刊行	
1888	41	大阪で『東雲新聞』を発刊	
1890	43	第1回衆議院議員選挙で当選	第1回帝国議会
1891	44	議員辞職、実業家に転身するが失敗を重ねる	足尾銅山鉱毒事件、国会で取り上げられる
1898	51	国民党を結成、藩閥政治打倒をめざす	
1901	54	『一年有半』『続一年有半』刊行 死去	足尾銅山鉱毒事件で田中正造が天皇に直訴

中江藤樹
なか え とう じゅ

江戸時代の儒学者

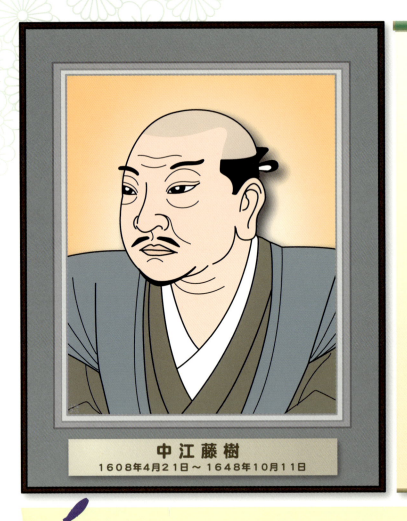

中江藤樹
1608年4月21日～1648年10月11日

（中江藤樹の言葉）
◆ 視聴言動みな道にあたるを、孝行の条目とする也
（し ちょう げん どう）（こう こう）（じょう もく）（なり）

　　中江藤樹は江戸時代初期の儒学者で、晩年には陽明学に傾倒しました。
　孝行とは視る・聴く・言う・行うことすべてが人の道に適合していることであると述べていますが、孝行（孝）とは藤樹にとって最も大切な道徳です。それは実際は夫婦、兄弟姉妹、君臣の間を支配すべき道徳であるとともに、宇宙や万物を支配する絶対者（藤樹は「太虚の皇上帝」などと呼ぶ）の本性ですらあるのです。
　　晩年、藤樹は孝とは良知（物事の善悪を見分ける心の働き）と関係があるとして、陽明学の思想を取り入れていきました。良知はだれにでも備わっているのであり、それを発揮するように人は生きなければならないと主張したのです。
　　藤樹は、その誠実な行き方ゆえに人々から慕われ、「近江聖人」と呼ばれました。

100

エピソード

●少年時代

藤樹自身何も話っていないが、後の記録に近所の子供と遊ぶ時もいつも物静かで他の子供のように騒ぎ回ることはなかったとされている。

●熊沢蕃山

ある侍が近江の地で宿泊した折りに、大事な金を馬の鞍に付けたまま、馬を返してしまった。もどってこないと悲嘆していたところ、馬子がやってきてお金を渡しにやってきた。侍はお礼として金の一部をあげようとしたが、馬子は受け取らない。理由を聞くと、馬子の村に住む中江藤樹という先生の常日頃の教えに導かれてのことだという。この話を聞いた1人の若者は迷うことなく藤樹の弟子になったのである。その人は熊沢蕃山（→p.50）であり、後に、岡山の池田藩の家老として藩政を司るとともに、儒学者としても数々の業績を残していく。

名言集

- ●それ学問は心の汚れを清め、身の行いを良くするを以て本実とす
- ●胎内にある間も母徳の教化あり
- ●悔は凶より吉に赴く道なり
- ●父母の恩徳は天よりもたかく、海よりもふかし
- ●人生の目的は利得ではない。正直である、正義である
- ●このたから（真理）は天にありては、天の道となり、地にありては、地の道となり、人にありては、人の道となるものなり
- ●はかなくも悟りいづこと求めけん。誠の道は我に具はる
- ●天地の大徳を生といふ、人之を受けて以て孝徳となす
- ●天地の間に、己一人生きてあると思ふべし。天を師とし、神明を友とすれば外人に頼る心なし
- ●家をおこすも子孫なり、家をやぶるも子孫なり。子孫に道をおしへずして、子孫の繁昌をもとむるは、あくなくて行くことをねがふにひとし

年 譜

（年齢は数え年）

西暦(年)	年齢(歳)	年 譜	参考事項
1608	1	近江国（現滋賀県）高島郡小川村に生まれる	
1616	9	文字を習い始める	ガリレイの宗教裁判
1617	10	藩主の転封（場所替え）により四国伊予（愛媛県）大洲に移る	
1624	17	京都から来た禅師の『論語』の講義を聞く『四書大全』を求めて、独学する	
1627	20	朱子学に従い、格法主義に立つはじめて門人に『大学』を講義する	伊藤仁斎生まれる
1630	23	「安昌玄同を弑するの輪」を作る	山田長政、シャムで殺される
1632	25	新谷分封により伊予藩主の弟織部正に仕えることとなる	黒田騒動決着
1635	28	易を研究する	鎖国令
1636	29	大洲藩士や村人が藤樹の門に次第に集まる	日光東照宮落城
1637	30	高橋久子と結婚	島原の乱
1639	32	「藤樹規」「学舎座右銘」を作り、門人に示す	鎖国の完成
1644	37	『陽明全書』を読み、「心事元是一也」の確信を得て自己の学問と人生の完成に見通しを得る。学問、日に進む。淵岡山門人となる	中国、明王朝滅亡、清の支配開始
1646	39	久子夫人、死去（26歳）。郡主分部侯に謁す	
1647	40	池田光政の招きを断る	
1648	41	8月15日朝、死去	

さらに詳しい内容については
▶ 清水書院　人と思想㊺　『中江藤樹』　渡部 武 著　を参照

101

夏目漱石
明治・大正時代の代表的小説家

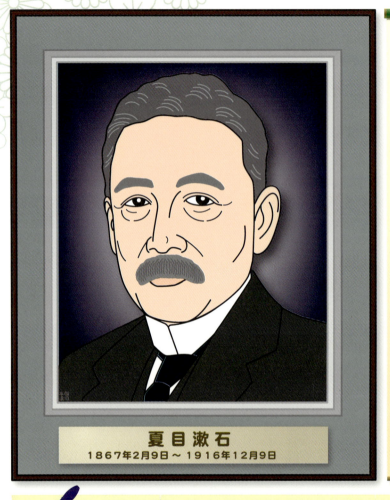

夏目漱石
1867年2月9日～1916年12月9日

◆（夏目漱石の言葉）
私はこの自己本位という言葉を自分の手に握ってから大変強くなりました

　夏目漱石は明治・大正時代を生きた、日本を代表する小説家です。また、小説家であるとともに東京帝国大学などで英文学を教える学者でもありました。
　漱石は、実は、日本と西洋に引き裂かれた精神状態にあり、英文者でありながらも自分は何のために英文学を研究しているのか、自問自答の日々が続いていました。
　世間では、欧米の学問を鵜呑みにしてそれを日本に紹介するだけの学者がいます。漱石に言わせれば、そうした人の有り様（よう）を他人本位というのです。それに対して、漱石は自分は1人の日本人として西洋気取りにならずに振る舞おうと決心しました。これが自己本位の考えです。欧米文化の理解のうえに立って、それを批判的に取捨選択できる、自立した1人の日本人としての在り方なのです。

エピソード

●鼻毛
抜いた鼻毛を原稿用紙に貼り付けて並べる癖があった。漱石の弟子、内田百閒が漱石の鼻毛付きの原稿を保管していたが、第二次世界大戦中の空襲で焼失してしまった。百閒によると、大変長いのや、短いのを合わせて丁度十本あり、その内二本は金髪だった。

●英語教師
英語教師時代、「I love you」の訳を尋ね、生徒が「僕は君を愛しています」と答えると、「日本男児はそんなことは言わない」と言い、かわりに「月が綺麗ですね」としなさい、といった。また、松山中学時代、「辞書と違います」と、漱石の間違いを指摘した生徒に対して「辞書が間違っている。直しておけ」と一言。

名言集

● 今の私は、ばかで人にだまされるか、あるいは疑い深くて、人を容れる事ができないか、この両方だけしかないような気がする。不安で、不透明で、不愉快に満ちている。もしそれが生涯続くとするならば、人間とは、どんなに不幸なものだろう

● 離れればいくら親しくってもそれきりになる代わりに、一緒にいさえすれば、たとえ敵同士でもどうにかこうにかなるものだ。つまりそれが人間なんだろう

● 名前はまだつけてくれないが、欲をいっても際限がないから生涯この教師の家で無名の猫で終る積りだ

● 食いたければ食い、寝たければ寝る、怒るときは一生懸命に怒り、泣く時は絶体絶命に泣く

年　譜

西暦(年)	年齢(歳)	年　譜	参考事項
1867		2月9日、現在の東京都新宿区に、父夏目小兵衛直克、母千枝の五男として生まれる。幼名は金之助	正岡子規、尾崎紅葉生まれる
1868	2	新宿の名主塩原昌之助の養子となり、塩原姓を名のる	
1888	22	塩原家より復籍し、夏目姓に変える	
1889	23	正岡子規との親交が始まる。子規の「七草集」の批評をかき、初めて「漱石」の筆名を用いる	
1890	24	第一高等中学校本科を卒業、東京帝国大学英文科に入学	『舞姫』森鷗外
1892	26	東京専門学校講師となる	
1893	27	東京帝国大学英文科を卒業、大学院に入学。東京高等師範学校の英語教師に就任	「文学界」が創刊
1895	29	松山中学(愛媛県尋常中学校)教諭として赴任	
1896	30	熊本第五高等学校講師となる	
1900	34	現職のまま英語研究のためイギリス留学	治安警察法公布
1903	37	第一高等学校講師、東京帝国大学文科大学講師を兼任	
1904	38	明治大学講師を兼任	
1905	39	『吾輩ハ猫デアル』上編を出版	日露戦争
1906	40	「坊ちゃん」を「ホトトギス」に、「草枕」を「新小説」に発表。『吾輩ハ猫デアル』中編を出版	
1907	41	いっさいの教職を辞し朝日新聞社に入社。『吾輩ハ猫デアル』下編を出版	
1908	42	「三四郎」を朝日新聞に連載	
1910	44	「門」を朝日新聞に連載	大逆事件
1914	48	「こゝろ」を朝日新聞に連載	
1915	49	「道草」を朝日新聞に連載	『羅生門』芥川龍之介
1916	50	リューマチの治療のため湯河原に転地するが、五度目の胃潰瘍で、12月9日死去	

ニーチェ
ドイツの思想家

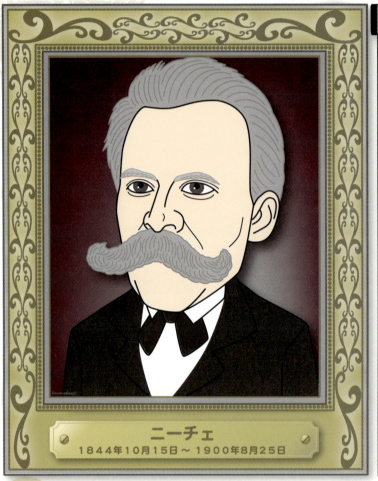

ニーチェ
1844年10月15日～1900年8月25日

◆（ニーチェの言葉）
ツァラトゥストラがひとりになったとき、かれは自分の心にむかってこう言った。「いやはや、とんでもないことだ！この老いた聖者は、森のなかにいて、まだ何も聞いていないのだ。神が死んだということを」

　ヨーロッパでは人間は理性を持ち、神を信じ、キリスト教に支えられた道徳を備える存在であると考えます。こうした理性優位の人間観やキリスト教の宗教観、道徳に対して、情け容赦のない批判を浴びせたのがニーチェです。ニーチェはソクラテス、プラトンを筆頭としたギリシャ古典古代の哲学及びキリスト教といったヨーロッパの主流思想に戦いを挑みました。人間は本来躍動感に満ちた勇気のある存在なのであるから、神なしで、大人として生きるべきだと説く（「神は死んだ」のである）のです。めざすは、キリスト教道徳を身につけた平凡な人間なのではなく、ツァラトゥストラのような超人、全人だと主張します。

エピソード

●あだ名は「小さな牧師さん」
礼儀正しく、品がある物腰で振舞っていたこと、また賛美歌がうまく聖書の言葉をよく知っていたためこう呼ばれていた。

●真面目
小学生の頃から真面目すぎるほど真面目で、校則に「走ったりせず、大人しく下校する事」と書かれていたため、大雨の日も小さなハンカチを頭に乗せて、ずぶ濡れになりながら歩いて帰った。

●お金を貸す癖
人とつながりたいあまりに、すぐにお金を貸してしまう癖があった。友人が50フラン借りたいというと「100フランのほうがよくないか?」と持ちかけた。また、あまり知らない人にもお金を貸してうまうことも多く、そのほとんどは返ってこなかった。

●生涯独身
女性関係は謎であり、生涯独身だった。

名言集

●男がほんとうに好きなものは2つ、危険と遊びである。男は女を愛するが、それはおもちゃの最も危険なものであるからだ

●母親は息子の友人が成功すると妬む。母親は息子よりも、息子の中の自分を愛しているのだ

●笑いとは、地球上で一番苦しんでいる動物が発明したものである

●復讐と恋愛においては、女は男よりも野蛮である

●善にも強ければ、悪にも強いというのが、いちばん強力な性格である

> さらに詳しい内容については
> ▶ 清水書院　人と思想㉒
> 　『ニーチェ』 工藤綏夫 著　を参照

年　譜

西暦(年)	年齢(歳)	年　譜	参考事項
1844		10月15日、ドイツのザクセン州に生まれる	
1864	20	ボン大学に入学し神学と古典文献学を専攻	第一インターナショナル結成
1865	21	ライプツィヒ大学に移り、古典文献学を専攻。ショーペンハウエルの『意志と表象の世界』に深く感動	
1868	24	初めて音楽家のワーグナーに会う	
1869	25	スイスのバーゼル大学の教授(古典文献学担当)に招かれる	ドイツ民主労働党結成
1872	28	『悲劇の誕生』出版	
1873	29	たえず激しい偏頭痛に悩まされる『反時代的考察』出版、1876年までに第四部を出版	
1878	34	『人間的な、あまりに人間的な』出版	ビスマルク、社会主義鎮圧法発布
1879	35	バーゼル大学教授を退職	
1881	37	『曙光』を出版	
1883	39	『ツァラトゥストラはかく語りき』第一部を出版 1885年にかけて、第四部まで出版	ワーグナー死す
1886	42	『善悪の彼岸』を出版	
1887	43	『道徳の系譜学』を出版	
1888	44	『ワーグナーの場合』を出版。『偶像のたそがれ』『アンチクリスト』『この人を見よ』『ニーチェ対ワーグナー』を完成	
1889	45	トリノの広場で昏倒、精神科の病院に入院	第二インターナショナル結成
1900	56	8月25日、錯乱状態のまま肺炎を併発して、ワイマールで死去	

105

西田幾多郎
近代日本を代表する哲学者

西田幾多郎
1870年6月17日～1945年6月7日

◆（西田幾多郎の言葉）
（純粋経験とは）この色、この音は何であるかという判断すら加わらない前をいうのである

　哲学は幕末から明治にかけて西洋から日本にもたらされたものです。しかし、西田幾多郎は東洋的、仏教的な独自の哲学を樹立した数少ない哲学者です。
　西田哲学の最重要キーワードが「純粋経験」です。これは、例えば、自分が何かを見ていることを自覚している、といったように、見ている自分（主観）と見られている何か（客観）とが分かれている状態ではなく、主観と客観が渾然一体となっているような意識状態を指します。
　西田にとって、人間が目指すべき究極のあり方とは、主観と客観、自己と宇宙、現実と真実といった二元論の世界にとどまるのではなく、そこを乗り越えた世界にまでたどり着くことなのです。

エピソード

●子供時代

子供の頃は強情で負けず嫌い。喧嘩で負けても「負け」を認めようとせず、泣きながら歯向かっていくようなところがあった。また、気に入らないことがあると屋根の上にのぼって、なだめてもすぐには降りてこなかった。

また、ひとつ違いの妹が母から乳を飲ませてもらっていると、幾多郎も一緒になって乳を飲んでいた。母は熱心な浄土真宗の信者で、幾多郎も幼児のころから毎朝、鎌倉時代後期に書かれた日本の仏教書「歎異抄」を暗誦していた。5歳になるやならずの幾多郎が、あまえて乳をねだると母は「お文さまをつとめることができたら乳をあげよう」というのが常だった。

●宮中での講義

宮中の御講書始の儀で「歴史哲学について」を天皇に進講。御前では「西田」と名乗るよう注意されていたが、ご進講が進むにつれて「私」に変わり、最後には「わし」となってしまっていた。

名言集

- ●思い出なくして我というべきものはない。明日ストーブにくべられる一本の草にもそれ相応の来歴があり、思い出がなければならない
- ●花が花の本性を現んじたる時最も美なるが如く、人間が人間の本性を現んじた時は美の頂上に達するのである。善は即ち美である
- ●知は愛、愛は知である
- ●我々が物を愛するというのは、自己を捨てて他に一致するの謂である

key word 『善の研究』

わが国における最初の独創的哲学書。参禅体験によって得た純粋経験に、主観と客観、精神と物質などをいかに統一するかという哲学上の根本問題の解決をもとめ、さらにそれをもとに「実在」「善」「宗教」について論じている。自他統一をもとめる自己の真実のあり方を追究したもの。

年譜

西暦(年)	年齢(歳)	年譜	参考事項
1870		5月19日、石川県の現かほく市宇野気にて、父得登、母寅三の長男として生まれる	
1883	13	石川県師範学校に入学（翌年病気により中途退学）	
1886	16	第四高等中学校に補欠入学（1890年に中途退学）	
1894	24	東京帝国大学の哲学科選科卒業	
1896	26	第四高等学校（現、金沢大）講師	
1899	29	第四高等学校教授	
1900	30		高校の同級生、鈴木大拙『大乗起信論』
1910	40	京都帝国大学助教授	
1911	41	『善の研究』を出版	
1912	42		美濃部達吉、天皇機関説
1913	43	京都帝国大学教授、文学博士の学位をうける	
1925	55		治安維持法
1927	57	帝国学士院会員	
1928	58	京大を退職	
1935	65		和辻哲郎『風土』
1938	68		国家総動員法
1940	70	文化勲章を受章	
1845	75	6月7日、鎌倉で死去	

日蓮
にちれん

鎌倉時代の日蓮宗の開祖

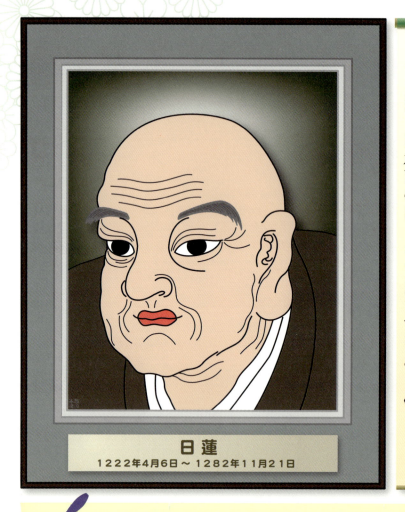

日蓮
1222年4月6日 ～ 1282年11月21日

〈日蓮の言葉〉
◆日蓮は日本国のはしらなり。日蓮を失（うしな）ふほどならば、日本国のはしらをたをすになりぬ

　日蓮は鎌倉時代に活躍した僧侶で、日蓮宗（法華経）の開祖です。
　日蓮は、31歳の時に、清澄寺（安房・千葉県）にもどり、仏陀の教えが『法華経』という経典にこそ存在するとして、法華経信仰を提唱しました。南無妙法蓮華経の題目を唱えれば、だれでも仏になることができると人々に説いたのです。
　日蓮の教えは「念仏無間、禅天魔、真言亡国、律国賊」（念仏を唱えれば無間地獄に陥る、禅宗は天魔の教えだ、真言密教は国を滅ぼす、律宗は国家の敵である）と論じたように、他の宗派を激しく批判しているところにその特徴があります。日蓮は法華経信仰を説くことを通じて、日本の国を自分が柱になって担うのだという救国の思いを強く抱いていました。

エピソード

●奇跡

人々を救済するためには甘んじて迫害を受けるというのが日蓮の考え。その強烈な個性で幾度と生命の危険にさらされたが、その度に奇跡的に生き延びている。

●龍口法難（たつのくちのほうなん）

1271年、幕府に逮捕され、龍口の処刑場で斬首が決まった。ところが、首を斬られる瞬間に突然、光の玉が飛来したため、幕府の役人が恐れて中止にし、佐渡に配流になった。この出来事は「龍口法難」と呼ばれている。

key word 『立正安国論』

日蓮の主著、1260年に成立。法華経に帰依しないと内乱や外敵の侵略にあうとして、法華経による鎮護国家を説く。日蓮はこの書を前執権の北条時頼に献呈したが、受け入れられず、その浄土教批判や政治批判は、浄土教徒との対立や流罪の原因となった。

名言集

● 日蓮によりて日本国の有無はあるべし。たとえば宅に柱なければもたず、人に魂なければ死人なり

● 命と申す物は一身第一の珍宝也。一日なりともこれを延ぶるならば千万両の金にもすぎたり

● 蔵の財よりも身の財すぐれたり。身の財より心の財第一なり。此の御文を御覧あらんよりは心の財を積ませ給ふべし

● 善知識に値ふ事が第一の難き事なり。されば、仏は善知識に値ふ事をば一眼の亀の浮木に入り、梵天より糸を下げて大地の針の目に入るにたとへ給へり

● 今の世間を見るに、人をよくなすものは、方人よりも強敵が人をばよくなしけるなり

● 今の世には何となくとも道心をこりぬべし。此世のありさま厭ふともよも厭われじ

年　譜

西暦(年)	年齢(歳)	年　譜	参考事項
1222		安房国に生まれる	
1233	11	天台宗の清澄寺に入門	
1238	16	出家	
1242	20	比叡山に入り、以後多くの寺を遊学	
1244	22		越前に大仏寺（のちの永平寺）建立、道元が招かれる
1253	31	関東に戻り、法華題目を唱えて日蓮宗を開く（立教開眼）	
		日蓮と名乗る	
1254	32	鎌倉で辻説法を始める	
1260	38	『立正安国論』を著し、北条時頼に進呈	
1261	39	伊豆へ流罪	
1271	49	幕府批判で処刑されかけるが、佐渡へ流罪	
1272	50	『開目抄』著す	
1274	52	赦免される	一遍、時宗を開く
		国難を予言し、5か月後に文永の役がおこる	
		身延山久遠寺を開く	
1279	57		一遍、踊念仏を始める
1281	59		弘安の役
1282	60	常陸国へ湯治に向かう途中、武蔵国で死去	鎌倉に円覚寺建立

二宮尊徳
にの みや そん とく

江戸時代の農政家

二宮尊徳
1787年9月4日～1856年11月17日

◆（二宮尊徳の言葉）
天理は永遠に変化なく、人道は一日怠ればたちまち廃れる

　二宮尊徳は江戸時代後期の農政家で、本名は二宮金次郎といいます。
　尊徳の言う天理とは自然の法則のことで、尊徳はこれを天道、自然の道などとも呼びました。これに対して、人道とは人間社会を支配するルールや道徳のことで、人間が作ったもの（作為）に他なりません。尊徳は天理（天道）と人道は異なるものであると考えました。人道を導く教えとして尊徳が説いたものは分度と推譲です。分度とは自分の収入がどれほどであるかを自覚したうえで、計画的に生活を設計していくことをいいます。推譲とは自分の作った農作物や商売で得た金銭を、将来への蓄えに残したり、他の人に分け与えることです。分度も推譲も、倹約に努め、勤勉に働くことを前提とします。尊徳の教えは、実際に農村現場で培われた知恵なのです。

エピソード

●大柄
身長182センチ体重94キロ わらじの大きさは28センチ。

●本当は金治郎
本当の名前は「金治郎」。間違って届けて「金次郎」になった。（金次郎は尊徳の幼名）

●銅像のもとは本の挿絵
たきぎを背負って歩きながら本を読む金次郎の姿がはじめて登場したのは1891年に出版された幸田露伴の「二宮尊徳翁」の挿絵だった。その後、広告やチラシに使われ、世の中に広まっていった。

●銅像のモデル
尊徳の銅像は、300年以上前にイギリスで書かれた宗教書のなかにある、背中に大きな荷物を背負い、聖書を読む少年をもとにしたという説もある。

名言集

● 事を先にし、獲るを後にす

● 予を葬るに、分を越えるな。墓石はいらない。ただ土を盛り、その上に、松か杉でも植えてくれればそれでいい

● 人道は一日怠れば、たちまちすたれる

● すべて商売は売りて喜び、買いて喜ぶようにすべし。売りて喜び、買いて喜ばざるは道にあらず。貸借の道もまた貸して喜び、借りて喜ばざるは道にあらず

● 人は徳のある人に従ってくる

● 貧富の違いは、分度を守るか失うかによる

● 誠実にして、はじめて禍を福に変えることができる。術策は役に立たない

年　譜

西暦(年)	年齢(歳)	年　譜	参考事項
1787		農民の子として相模国に生まれる	
1791	4	暴風雨が南関東を襲い、家の田畑を失う	
1800	13	父が死去	伊能忠敬、全国の測量開始
1802	15	母も死去	
1806	19	一家は離散するが、生家の再興を果たし独立	
1812	25	小田原藩の家老に奉公し	
1813	26	藩の財政再建に成功	
		小田原藩や下野国で農村復興を手がける	
1825	38		異国船打払い令
1830	43		御蔭参りがさかんになる
1833	46	天保の飢饉を察して対策を施し、餓死者を出さなかったことが評判になる	天保の飢饉
1841	54		天保の改革
1842	55	幕府に登用され、印旛沼開発に従事	
1854	67		日米和親条約
1856	69	下野国で死去	

key word　勤勉と倹約

　勤勉や倹約を重んじる尊徳の教えはある意味では支配者にとって都合がいい。貧困や格差を社会の問題ではなく、個人の努力で解決できるかのような問題に代えてしまうからだ。明治以後、修身（今の道徳）の教科書で、二宮尊徳は、農村で勤勉に働きつつ、懸命に学ぶ子供として崇拝の対象としたのは、こうした背景が少なからずあったとされる。

たきぎを背負って本を読む二宮金次郎の銅像

ニュートン
イギリスの物理学者

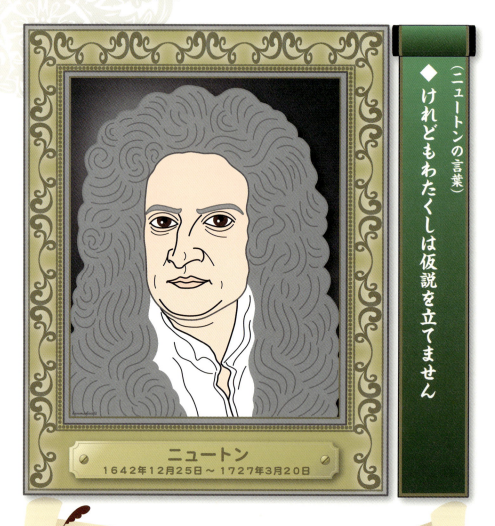

ニュートン
1642年12月25日～1727年3月20日

（ニュートンの言葉）
◆けれどもわたくしは仮説を立てません

　ニュートンの最大の偉業は万有引力の法則の発見です。物体と物体との間には、引き合う力（引力）が働いており、その力は二つの物体の質量の積に比例し、物体間の距離の2乗に反比例するというもので、これが万有引力の法則です。彼はこれを『自然哲学の数学的諸原理（プリンキピア）』で明らかにしました。さらに『プリンキピア』では「わたしは仮説を立てない」とも言っています。
　この"仮説"とは、自然界でなぜ引力が生じるのか、といった「問い」に関する仮説のことです。これを立てない（考えない）ということは、自然現象の因果関係を数学的に把握することにとどめておくべきであると主張していることなのです。

エピソード

●おっちょこちょい
卵と間違えて時計をゆでたり、ズボンをはくのを忘れて役所にいったり、手綱の先に馬がいないことに気づかず丘に登ったとか、ぼんやりしていておっちょこちょいな面も。

●やりたい放題
60歳で王立協会の会長に就任。84歳で世を去るまで会長の座を守ったが、会を規則ずくめにしたり、独断で建物の引越しを決めたり、論争が多かった憎きフックの肖像画や開発した機械もすべて破棄したり、フラムスティードが持つ月の観測データを横取りして利用するなど、かなりやりたい放題だった。

●リンゴの木のエピソード
「ぼんやりリンゴの木を見ていると枝からリンゴの実が落ちた。その様子から重力の存在を知った」という有名なエピソード。後にニュートン自身が語ったもので、本当かどうかは定かではない。

名言集

●宇宙には同一のデザイナーのしるしがある
●今日なしうることだけに全力をそそげ、そうすれば明日は一段の進歩を見るだろう
●私が遠くを見ることができたのは、巨人達の肩に乗っていたからです
●私には自分が海辺で遊ぶ子どものように見える。なめらかな小石やきれいな貝殻を見つけて喜んでいるが、その目の前には真理の大海が発見されないまま広がっている
●もし私が価値ある発見をしたのであれば、それは才能ではなく忍耐強く注意を払っていたことによるものだ

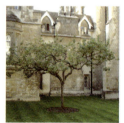

●ケンブリッジ大学にあるリンゴの木。ニュートンのリンゴの木の子孫といわれている。

年譜

西暦(年)	年齢(歳)	年譜	参考事項
1642		イギリス中流地主の子に生まれる	ガリレイ死去
1661	19	ケンブリッジ大学に入学、数学や物理学を学ぶ	
1664	22	二項定理を確立	
1665	23	流率法（フラクション法）を発見	
1668	26	反射望遠鏡を発明	
1675	33		グリニッジ天文台創設
1680ころ	38	微積分法に関してライプニッツと論争	ライプニッツ、微積分法発見
1685	43	万有引力の説明に成功	
1687	45	『プリンキピア』刊行（万有引力の法則発表）	
1703	61	王立協会会長	
1704	62	『光学』刊行	
1707	65	『一般算術』刊行	
1727	85	死去	

実力クイズ

問題　次の4人のうち、「知は力なり」という言葉とともに知られる人物は？

(答えは p.208)

A・ヒューム

B・デカルト

C・ベーコン

D・ホッブズ

113

ハイデッガー

ドイツの哲学者

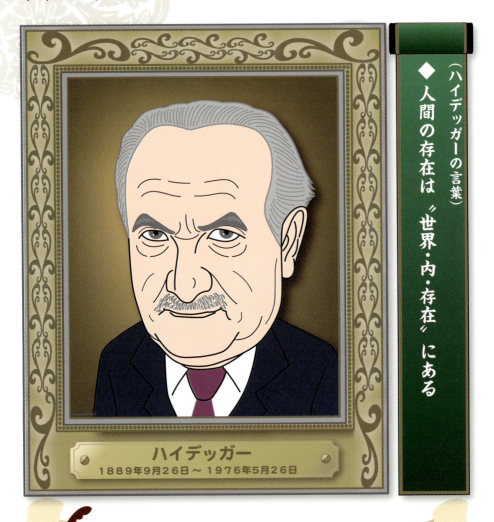

ハイデッガー
1889年9月26日 ～ 1976年5月26日

◆（ハイデッガーの言葉）
人間の存在は〝世界・内・存在〟にある

　ハイデッガーは20世紀を代表するドイツの哲学者です。彼は、人間とは自分を人間として把握している存在者であるとして、これを現存在と名づけました。そして、人間の本来的なあり方を世界内存在と呼びます。このことは人間がこの世において生きていることを意味しています。しかし、人間は死んだ後どこに行くのか分かりません。これは世界内存在の特徴でもあります。人間が死への存在であるものの、それを理性は理解することができないために、人間は死に対して不安にさいなまれます。しかし、ハイデッガーは人間は死を自ら引き受けることにより、本来の自己を取り戻すことができるのだと主張します。

エピソード

●20世紀を代表する哲学者

第二次世界大戦中、ヒトラーの独裁政治に荷担したことが災いして、終戦後、大学から追放される。しかし、ハイデッガーの思想があまりにも大きな影響力を持っていたため、後に大学に仕事復帰ができた。「20世紀最大の哲学者」と言われている。

●大戦の前と後

第二次世界大戦中、ヒトラーの独裁政治で、不倫関係にあったユダヤ人のハンナ・アーレントはアメリカへ亡命。ハイデッガーはナチスに積極的に協力して、その後、学長へとのぼりつめ、自分の師だったフッサールや、ヤスパースを追放した。戦後、アメリカで活躍するアーレントによって、ハイデッガーの立場は救われた。

名言集

- ●私たち自身が分析されるべき存在だ
- ●実存の問いは、実存それ自身を介することなしには、解決されえない
- ●私たちは存在の意味の問いを新たに立ちあげねばならない
- ●死はできごとではない。それは実存論的に理解されるべきひとつの現象だ
- ●人は、いつか必ず死ぬということを思い知らなければ、生きているということを実感することもできない
- ●良心は、ただただ常に沈黙という形で語る
- ●人間は、時間的な存在である

年　譜

西暦(年)	年齢(歳)	年　譜	参考事項
1889		9月26日現在のドイツ、バーデン州メスキルヒで生まれる	ヒトラー生まれる
1909	20	フライブルク大学に入学	
1914	25	学位論文『心理主義における判断論』刊行	第一次世界大戦始まる
1916	27	私講師就任論文『ドンス＝スコトスの範疇論及び意味論』刊行	
1919	30		ワイマール共和国建国
1923	34	マールブルク大学の教授となる	
1927	38	『存在と時間』刊行	
1928	39	フライブルク大学の教授となる	
1929	40	『形而上学とは何か』をフライブルク大学就任講演として論じ、のち刊行。『カントと形而上学の問題』刊行	
1932	44	フライブルク大学学長になる。ナチスの党員となり、ドイツの学者の政治集会でヒトラー支持を呼びかける	ヒトラーが政権を握り、ナチスによるユダヤ人や共産党の排斥始まる
1934	45	学長就任	
1935	46	『形而上学入門』講義（1953年刊行）	
1943	54	『形而上学とは何か』第四版（後書追加）刊行	スターリングラードでドイツ軍降伏
1945	56	講壇より追放される	第二次世界大戦終わる
1949	60		旧西ドイツと旧東ドイツが成立
1950	61	『森の道』刊行	朝鮮戦争
1957	68	『同一性と差異』刊行	
1961	72	『ニーチェ』（二巻）刊行	ベルリン危機
1975	86	全集の刊行始まる	
1976	86	5月26日、メスキルヒにて死去	

さらに詳しい内容については
▶ 清水書院　人と思想㉟ 『ハイデッガー』 新井恵雄 著　を参照

パウロ
原始キリスト教の伝導者

パウロ
1年？～60年？

◆〈パウロの言葉〉
すべての人は罪を犯したので、神からの栄誉を受けることができず、ただ、神の恵みにより、キリスト・イエスによるあがないのゆえに、価なしに義と認められるのです

　パウロはキリスト教の根幹にあたる教義を打ち立てた人物です。
　パウロによれば、人は皆、罪を負っているといいます（原罪思想）。神が望む意志に人は背いてしまうからです。
　しかし、神は人間の罪を許すために、この世にイエスを遣わしたのだと言うのです。すなわち、イエスの十字架での処刑とは、人間の罪を許すためにイエスに人間の罪を負わせたことを意味しています（贖罪思想）。このことを信じることにより、人は罪から免れることができ、救われると訴えます。このようにパウロは愛、希望と並んで信じること（信仰）の意義を説いたのです。

エピソード

●パウロの回心
生まれつきのローマ市民権保持者で、はじめは熱心なユダヤ教徒の立場から、キリスト教を迫害したが、処刑後に復活したイエス・キリストに「パウロよなぜわたしを迫害するのか」と呼びかけられ、その後目が見えなくなる。アナニアというキリスト教徒が神のお告げによってパウロのために祈ると、パウロの目から鱗のようなものが落ちて、目が見えるようなり、こうしてイエスを救世主として認めたといわれる。
以後は、キリスト教の布教につとめローマ皇帝ネロの迫害にあって殉教した。

●キリスト教の伝道
彼は地中海地方一帯を伝道して、こうした教えを熱心に人々に語り訴えた。その主張はローマ帝国に広まり、やがて、キリスト教は公認され、国教に位置づけられていく。

名言集

●喜ぶ者と共に喜び、泣く者と共に泣け
●諸悪の根源は富を愛することである
●今日の困難は明日の栄光に遠く及ばない
●自ら蒔く処の物は、自ら刈る所の物となる
●心が汚ければ、全てが醜く見える。心が清ければ、全てが美しく見える

●パウロの伝道路

年譜

西暦(年)	年齢(歳)	年譜	参考事項
1	1	パウロ誕生	
33	33	パウロの回心	
35	35	第1回エルサレム訪問。以後49年までの間に、シリアのアンティオキアで伝道活動。第1回伝道旅行（47〜48？）	
49	49	エルサレム教会の指導者と協定（いわゆる使徒会議）。第2回伝道旅行（〜52）	このころユダヤ人追放令
56	56	エルサレムで逮捕される。カイサリアで獄中生活（〜57）	
58	58	ローマへ出発	
59	59	ローマ着。ローマで獄中生活（〜61）	
60	60	60年代はじめ、ローマで殉教？	

さらに詳しい内容については
▶ 清水書院 人と思想㊳ 『パウロ』 八木誠一 著 を参照

key word　原罪

キリスト教で、アダムが神に背いて犯した罪を原罪という。人間はアダムの子孫として、生まれながらにこの原罪を負っているとされている。『旧約聖書』「創世記」には、神の意志に背いて禁断の木の実を、蛇にそそのかされたイブとともにアダムが食べたことが記されている。キリスト教の倫理思想の根底をなすものであり、人間は神に背き罪を犯さざるをえないものと考えられている。パウロは生得的で宿命的な根本悪としての原罪のあり方を強調し、原罪観を前提として、イエス・キリストの死によって人類の罪が贖われると説いた。

パスカル
フランスのモラリスト

パスカル
1623年6月19日 〜 1662年8月19日

（パスカルの言葉）
◆人間は考える葦（あし）である

　パスカルはフランスの数学者、物理学者で、敬虔（けいけん）なキリスト教信者でした。
　代表作『パンセ』は、彼が日頃、人間について思ったこと考えたことを綴ったものであるとともに、キリスト教信仰の意義を論じたものでもあります。
　『パンセ』なかの断章に上の言葉があります。葦とは河原で生息するイネ科の雑草のことです。人間は自然界の一員としては、葦のように些末で弱々しい存在にすぎません。しかし、考える＝思考能力を持つという点で、また、自分の弱さを自覚することができるという点で、偉大な存在であるともいえます。パスカルはこのように、人間を弱さと強さの両方を兼ねた中間者としてとらえているのです。

エピソード

●ヘクトパスカル
23歳からはじめた真空の実験では圧力の原理「パスカルの原理」を発見。天気予報でおなじみの気圧の単位「ヘクトパスカル」の「パスカル」はこの功績にちなんでいる。

●確率論
友人から「トランプなどの勝負を途中でやめた場合の掛け金はどう配分したらよいか」と、聞かれたことから研究をかさね確率論をうちたてた。

●食べる量は常に一定
食欲があってもなくても食べる量は常に一定で、満足させるべきは胃であって、食欲ではないとした。

●生涯独身
妻を愛する夫は、それだけ神を忘れ、神殺しにつながるという信念を持ち、39歳の短い生涯を独身で通した。

名言集

●想像力がすべてを左右する
●隠れた高潔な行いは、最も尊敬されるべき行為である
●人間の営みはすべて、幸福をつかむことにつきる
●知らないことを恐れず、間違った知識を恐れなさい
●力なき正義は無能であり、正義なき力は圧制である。正義と力を結合させねばならない
●人間は天使でもなければ獣でもない。しかし、不幸なことには、人間は天使のように行動しようと欲しながら、獣のように行動してしまう

さらに詳しい内容については
▶ 清水書院　人と思想⑫
　『パスカル』　小松摂郎 著　を参照

年　譜

西暦(年)	年齢(歳)	年　譜	参考事項
1623		6月19日、フランス、オーヴェルニュ州、クレルモン - フェラン生まれる。父はエティエンヌ = パスカル、母はアントワネット = ペゴン	徳川家光第3代将軍となる
1634 〜1635	11 〜12	「音響論」を書く。またユーグリッド第1巻、第32命題を証明し、数学の才能を発揮	フランス学士院創設
1640	17	「円錐曲線試論」を出す	第2次ビショップ戦争
1642	19	計算機を考案する	清教徒革命始まる
1649	26	5月22日、計算機の特許権を大法官セギエより受け取る	人民協定の制定
1651	28	『真空試論』出る（今日断片のみ伝わる）	徳川家綱第4代将軍となる
1652	29	ジャクリーヌ - ポール - ロワイヤル修道院に入る	第1次イギリス - オランダ戦争
1654	31	『パリ科学アカデミーへの献辞』「算術三角形」を書く 11月23日『覚書』、決定的回心	
1655	32	このころ「イエスの秘儀」を書く。『ド = サシとのエピクテートスとモンテーニュについての対話』をなす『イエス = キリストの生涯要』が書かれる	
1657	34	ポール - ロワイヤルの学校の『初等幾何学教本』のために『幾何学的精神』および『説得術』を書く	
1660	37	このころ『パンセ』を書き始める	イギリス、王政復古
1662	39	8月19日、早朝1時死去	ローヤル - ソサイエティ創設
1669		『パンセ』刊行	

林羅山
はやし ら ざん
江戸時代初期の朱子学者

林羅山
1583年〜1657年3月7日

（林羅山の言葉）
◆ 天地ヒラケザルサキモ、開ケテ后（のち）モ、イツモ常ニアル理ヲ大極（たいきょく）ト名ヅク

　林羅山は江戸時代初期の朱子学者で、徳川家康、秀忠、家光、家綱の4代の将軍に仕えました。
　徳川の歴代将軍が朱子学を公認の学に据えたのは、上下の身分差別を朱子学により正当化するためです。実際、林羅山は「臣（しん）タル人ハ、君ニ忠ヲツクシ」（『春鑑抄』家来は殿様に忠誠を尽くすべし）と論じるように、各身分の人々はその身分に応じた道徳を身につけて行いを正せば、平和で安泰な世の中が実現されると考えています。これが儒学（朱子学）が江戸時代に果たした一番重要な役割でした。

エピソード

●惺門四天王
近世儒学の祖といわれた藤原惺窩の下で朱子学を学び、門弟のなかで那波活所・松永尺五・堀杏庵とともに「惺門四天王」と称された。

●幼少期
八歳の時、ある浪人が太平記を読むのを、そばで聞いていて、これを暗唱。一度聞いたことは忘れないので、人々は「この児の耳は嚢耳だ、一度入ったものは脱けてゆかない」と言ったという。

●シャケ弁
江戸城に出仕した大名が、それぞれ自分の持参した弁当を食していた際、毛利秀元の弁当のなかに鮭の切り身が入っていた。このとき羅山は「珍しい」と言って鮭の切り身を少しずつわけてもらったという。

●振袖火事
1657年3月2日から三日三晩におよぶ明暦の大火（通称「振袖火事」）では、神田の自宅に火がせまったため、読みかけの本1冊だけをもって上野方面に逃げた。結局自宅が焼失、書庫に納められていた蔵書もすべて焼亡したと聞き発病したといわれる。

名言集

●学問に志なければ、不審をすべき力もなし。理をきはめんと思ひて、疑のあるは学問の進むしるしなり

●乱は治に生り、危は安きに生りて、常に能く戒め、予め自ら警むるときは、則ち国家永久なるべし（「平時にこそ乱や危険が生まれるものであり、太平の時に自戒すれば国家は永続する」という意味。）

key word　　朱子学

　朱子学とは中国宋の時代に発達した儒学（これを宋学という）のうち、朱子が完成した思想のことである。宇宙や世界の生成を説いたうえで、人間の倫理的な生き方を論じる。「大極」とは朱子学にいう、宇宙や自然、あらゆる生物の存在の根拠のことである。それは理（法則、掟）によって貫かれている。そして、大極から陰と陽が生まれ（陰も陽ももともとは気である）、木、火、土、金、水の五行が誕生し、五行から人間を初めとする万物が生まれるのである。こうした思想は宋学の先駆者である周濂渓が初めて主張した。

年譜

西暦(年)	年齢(歳)	年譜	参考事項
1583		京都に生まれる	
1595	12	建仁寺に入り教育を受ける	
1597	14	建仁寺を出て、独学で朱子学を学ぶ	
1598	15		朱子学（南学）の谷時中が生まれる
1604	21	藤原惺窩（せいか）に入門	
1605	22	徳川家康に謁見（以後、4代将軍家綱まで仕える）	
1607	24	家康の命で髪を剃り、僧侶の姿となり、名を道春とする 儒官に就任	
1614	31	方広寺の鐘銘事件で徳川家康に追従	
1615	32		武家諸法度
1618	35	三男の鵞峰（春斎）生まれる	
1619	36		藤原惺窩が死去
1624	41	秀忠に家光の侍講を命ぜられる	
1629	45	民部卿法印という僧位を授かる	
1630	47	上野に学寮（先聖殿、のちの昌平坂学問所）を建てる	
1648	65	910余石を給される	
1657	74	明暦の大火で自宅焼失、4日後に死去	
1670		三男の林鵞峯が『本朝通鑑』編纂を完成させる	

ハンナ・アーレント
ドイツ生まれのアメリカの政治学者

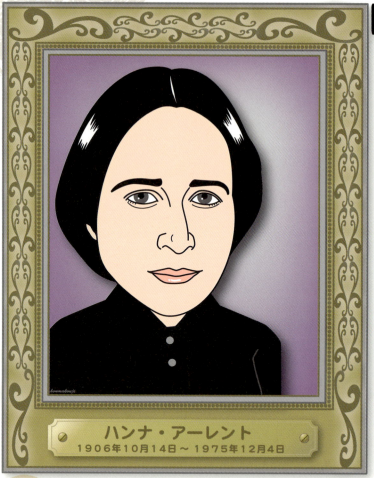

ハンナ・アーレント
1906年10月14日〜1975年12月4日

◆（ハンナ＝アーレントの言葉）
"活動的生活"という用語によって、私は、3つの基本的な人間の活動力、すなわち、労働、仕事、活動を意味するものとしたいと思う

　上の一文はアーレントの主著『人間の条件』第1章の冒頭にあります。
　この著作の中心テーマは「私たちが行っていること」です。これをアーレントは労働（labor）、仕事（work）、活動（action）に分けます。ここで、労働は消費を目的とする肉体の維持に過ぎません。それは本来は家族内の私的領域の営みなのです。それが現代社会では、仕事や活動を差し置いて、活動的生活の最高位を占めるようになりました。このことは現代社会が、肥大化した消費をその存続の条件にしていることを意味するとともに、私的領域が公的領域（政治という活動の場）にまで食い込んでいく事態を示しています。アーレントはこうした状況に危機感を抱いているのです。

122

エピソード

●家族
7歳の時に父が梅毒で死亡。母は、親戚の家に長期滞在することが多く、幼少時は一人家に残され、自分は捨てられるのではないか、という不安に怯えたという。13歳の時に母が再婚したが、新しいお父さんにはなじめず、大学の学費は両親ではなく叔父さんが出していたという。

●ハイデッカー
1924年、18歳の時、マールブルク大学で哲学教授だった35歳のマルティン・ハイデッガーと出会い、哲学に没頭。当時既婚であったハイデッガーと恋に陥り、不倫の関係に。

名言集

●権力は人々の承認を得て成立するもの。権力が必要とするのは正当性
●暴力は権力が危うくなると現れてくる
●嫌いな人の真実よりも、好きな人のうそがいい
●名もない「行動」は、一人の「誰か」が名づけたとしても、まだ意味がない
●最も急進的な革命家も、ひとたび革命が起こるや、たちまち保守主義者に化けてしまう

> さらに詳しい内容については
> ▶ 清水書院 人と思想⑱
> 『ハンナ=アーレント』 太田哲男 著
> を参照

年 譜

西暦(年)	年齢(歳)	年 譜	参考事項
1906		10月14日、ドイツのハノーヴァー郊外に生まれる	
1923	17		ハイデッガー、マールブルク大学に赴任
1924	18	マールブルク大学でハイデッガーに学ぶ	
1926	20	ハイデルベルク大学でヤスパースに学ぶ	
1928	22	『アウグスティヌスの愛の概念』で博士号取得。1929年に出版	ハイデッガー、フライブルク大学に移る
1933	27	ナチズムの台頭で逮捕されるが、まもなく出獄。パリへ亡命	ハイデッガー、フライブルク大学総長となる
1935	29	パレスティナ移民青年団の仕事で一時パレスチナへ	ドイツで「ニュルンベルク法」公布。(ユダヤ人を「劣等人種」に
1938	32	「ユダヤ機関」で難民を援助する仕事に従事	ドイツ、オーストリアを併合
1941	35	アメリカへ亡命、ドイツ語の新聞社にコラムニストとして雇われる	
1943	37	アウシュヴィッツに関する情報を聞き、衝撃を受ける	ワルシャワ・ゲットーのユダヤ人蜂起
1951	45	『全体主義の起原』刊行	
		アメリカの市民権を獲得	
1958	52	『人間の条件』刊行	
1959	53	プリンストン大学教授となる	キューバ革命
1961	55	『過去と未来の間』(第1版)刊行	
1963	57	『革命について』刊行	ケネディ大統領暗殺
		シカゴ大学教授に就任	
1968	62	ニュー・スクール・フォー・ソーシャル・リサーチ(新社会研究学院)教授に就任	
1969	63		ヤスパース死去
1975	69	12月4日、ニューヨークの自宅で心臓発作で死去	ベトナム戦争終結
1976			ハイデッガー死去

ピコ・デラ・ミランドラ
イタリアの人文主義者

ピコ・デラ・ミランドラ
1463年2月24日 〜 1494年11月17日

◆（ピコ・デラ・ミランドラの言葉）
人間には、自分の選ぶものを所有し、自分の欲するものとなるということが認められている

　ピコ・デラ・ミランドラは15世紀、イタリア・ルネッサンス期の思想家です。ピコは、キリスト教、ユダヤ教、ペルシャの宗教、プラトン・アリストテレスなどのギリシャ哲学などを学んだうえで、こうした諸思想のなかにはそれを貫くただ1つの真理があると主張しました。
　一方ピコは、世界における人間の独自性と尊厳について論じています。神から自由意志を与えられた人間は、それを持つゆえに、自力で何かを選択することができます。また、自分の欲する者になることもできます。しかし、それだけに、人間は獣よりも劣った者に堕落することもあれば、神的な者以上の者に再生することもできるのです。

エピソード

●聖職者をめざす

生まれて間もなく父が死亡、教養豊かな母の手で育てられた。父の遺産を巡り、二人の兄たちが争っていたので、母はピコに学問をさせて聖職者にさせようとした。14歳で教会法を学ぶためボローニャ大学に入学。15歳で母が亡くなると、フェラーラでアリストテレス哲学を学んだ。

●毒殺説

フランスがイタリアに進攻してきた1494年、31歳の若さで死去。その死をめぐって多くの謎が指摘され、もっとも強く言われているのは毒殺説である。

2008年2月、ピコの遺骨の科学的鑑定により、ピコがヒ素をもられて殺されたことがわかったとされている。新たに見つかった文章などと合わせて結論づけられたのは、ピコがメディチ家と対立するサヴォナローラと緊密となったため、ロレンツォの子、ピエロ・デ・メディチが暗殺を図り、ピコの秘書が毒をもったということである。

名言集

●人間はみずからの欲するままに、みずからを形成しうるのであり、神のごとくにも、獣のごとくにもなりうる力をもっている
●神は人間に自由意志を与え、それによって人間は自らのあり方を決定できるところに人間の尊厳がある

同時代の人物たち

●エラスムス
(1466～1536)
オランダの人文主義者
主著『痴愚神礼讃』

年譜

西暦(年)	年齢(歳)	年譜	参考事項
1463		領主の子としてミランドラ市に生まれる	
1469	6		ロレンツォ・デ・メディチがフィレンツェ支配（～1492）
1480	17	パドヴァ大学に学ぶ	
		イタリア各地の大学で教会法や多くの語学を学ぶ	
1484	21	フィレンツェに出て、知識人と交流	
1486	23	ローマで大討論会を企画するが、異端とされるものが多く、教皇に拒否され破門 討論会用の『人間の尊厳についての演説』刊行 逃亡の末、パリに幽閉されるが、ロレンツォ・デ・メディチの尽力で釈放	
1487	24	フィレンツェに戻り、プラトン・アカデミーで研究	
1494	31	フィレンツェで死去、暗殺ともいわれる	メディチ家失脚

key word 神と人間

はじめに、神は、超天界、諸天球の世界、あらゆる動植物が住まう下界、という3つの世界を創造した。3つの世界の創造を終えた神は、自分の偉業を驚嘆してくれる者が必要であると望み、そこで、最後に人間を生み出した。

下界では、鳥には羽が、魚にはひれが与えられるように、神は自らが創った創造物に生まれつきの贈り物をする。しかし、人間の場合、神は生まれつきの贈り物をしようとしたが、贈るべきものがなくなってしまった。加えて、世界のなかに人間を置く居場所もなくなってしまった。そこで神は人間に自由意志（意志の自由）を与えるとともに、人間を世界の中心に置いたのであった。

ヒューム
イギリス経験論の哲学者

ヒューム
1711年4月26日 ～ 1776年8月25日

◆〈ヒュームの言葉〉
たびたびくり返してゆくと、対象の一方が現れれば、心は習慣によって規定されて、それにいつも伴っているものを考えるように…なる

　ヒュームはイギリス経験論の代表的哲学者で、彼の哲学思想はドイツのカント（→ p.42）に大きな影響を与えています。
　ヒュームの思想で著名なのは、因果関係に関する議論です。例えば"炎が生じれば、熱さが発生する"という時、炎と熱とは、前者が原因となって後者が結果として発生するという形で、双方が関係し合っています。この関係を因果関係といいます。私達は、"炎が生じれば、熱さが発生する"は必然的な自然法則であると考えますが、彼によれば、こうした因果関係は習慣によって私達の心に浮かんだ信念に過ぎないというのです。物体の存在についても同じことで、これも信念に過ぎないといいます。

エピソード

●著作の売れゆき
28歳のとき、自信を持って世に出した大著『人性論』だったが、まったく評判にならず落胆する。自分で書評を書いて宣伝したが評価されず、「それは印刷機から死んで産れおちた」と述べた。

●親友
善良で人柄がよく、友人に好かれていた。親友のアダム=スミスはヒュームが亡くなったときに、その哲学には賞賛も批判もあるが、人柄についてはほとんどの人の考えが一致する、として賢明で徳のある人柄を称えている。

●ルソーとの交流
ルソーとは、最初は愛弟子と呼ぶほど仲が良かったが、互いに「悪魔」「裏切り者」と罵りあうほど険悪になった。

名言集

●習慣は人間生活の偉大なガイドだ

●事実にかんする私たちの推論のうちには、想像できる範囲でありとあらゆる程度の確信が認められる。だから、賢者はみずからの信念に対応するしかるべき証拠を求める

●心は一種の劇場だ。そこではいろいろな知覚が次々と現われる。去っては舞いもどり、いつのまにか消え、混じり合ってはかぎりなくさまざまな情勢や状況を作り出す

●貪欲は勤勉の鞭である

●友人の自由な会話は、いかなる慰めよりも私を喜ばす

さらに詳しい内容については
▶ 清水書院　人と思想⑧
　『ヒューム』　泉谷周三郎 著　を参照

年　譜

西暦(年)	年齢(歳)	年　譜	参考事項
1711		4月26日、エディンバラの別邸で生まれる	
1723	12	エディンバラ大学に入学、2年後に退学	アダム＝スミス生まれる
1729	18	精神を病み、すべての熱意が消え失せてしまうが、翌年回復	
1735	24	『人性論』を執筆	
1739	28	『人性論』の第一篇・第二篇を刊行、反響がなく失望	
1740	29	『人性論摘要』刊行 『人性論』第三篇を刊行	オーストリア継承戦争
1741	30	『道徳政治論集』第一篇を刊行、好評を得る	
1742	31	『道徳政治論集』第二篇を刊行	ウォルポール、首相を辞職
1748	37	『人間知性についての哲学的試論』(のちに『人間知性研究』と改題)を刊行	ベンサム生まれる
1751	40	『道徳原理研究』を刊行	
1752	41	エディンバラ弁護士協会の図書館長となる。『政治経済論集』刊行	
1754	43	『イングランド史』第一巻刊行、1762年にかけて第6巻まで刊行	
1757	46	図書館長を辞す	
1763	52	ハートフォード卿コンウェイに、パリへ秘書として随行しないかという招請される	パリ講和条約調印。七年戦争終わる
1765	54	コンウェイの正式の秘書官となり、代理大使を務める パリでルソーと会い、交流をもつが翌年絶交	
1767	56	ハートフォード卿の弟コンウェイ将軍の北部担当国務大臣就任にともない次官となる	
1772	61	健康が衰えはじめる	
1776	65	遺言状を作成、その後補足し『自然宗教をめぐる対話』の出版を甥に委託 8月25日死去	アダム・スミス『国富論』

平塚らいてう
近代の女性解放運動・婦人運動の指導者

平塚らいてう
1886年2月10日～1971年5月24日

◆（平塚らいてうの言葉）
原始、女性は実に太陽であった。真性の人であった。今、女性は月である。他に依って生き、他の光によって輝く、病人のような蒼白い顔の月である

　平塚らいてうの本名は平塚明。明治政府の官吏（国家公務員）であった父はドイツ留学の経験があり、ヨーロッパの思想、文化に対して理解のある人でした。彼女は女学校、女子大学の良妻賢母教育に対して強い反発を覚えていました。
　女性として、人間として本来持っている能力を社会の制度や道徳、因習は押し殺しているのでないのか、そう確信したらいてうは、1909年25歳の若さで、仲間とともに雑誌『青鞜』を発行しました。発刊に際してらいてうは創刊の辞をのせたのです。
　ここでらいてうが言おうとしたことは、女性の個人としての自立です。女性には「潜める天才」とらいてうが呼んだ潜在的な力があります。世の女性はこの力を自覚して大い発揮するべきだとしたのです。

エピソード

●ペンネーム
「らいてう」は「らいちょう」と読み、三千メートルを越える北アルプスで冬は雪のように真っ白な羽を持って生きる雷鳥という鳥からヒントを得た。

●幼少の頃は引っ込み思案
お手玉、おはじき、まりつきなど、なんでも得意だったが、幼稚園ではみんなの前に出るのが苦手でひとり遊びが好きだった。

●ハムちゃん
女学校に通いはじめた頃のあだ名は「ハムちゃん」。ほそい髪の毛を三つ編みにしたのが、豚のしっぽみたいだから「豚＝ハム」。

名言集

●わたしの道は遠く、船が難破して沈むように、途中で倒れてしまうかもしれない。でも、わたしは最後迄叫び続けるだろう──女性よ、進め、進め──と

key word 　**塩原心中事件**

　21歳の時、夏目漱石の弟子に当たる森田草平と知り合い、交際を始める。翌年、森田と那須塩原に行き、雪山のなかで心中事件を起こす（塩原心中事件）。女子大学出の淑女であり、未婚の女性が男性とこのような愚かなことをしたというのでこの事件はマスコミに取り上げられ、らいてうは世間の非難を浴びる。しかし、らいてうは決して悪いことをしたとは思っていない。むしろ夏目漱石が間に入って、森田と結婚することで事を穏便に済ませようとしたことに不満を抱く。結局森田とは別れる。

年譜

西暦(年)	年齢(歳)	年譜	参考事項
1886		2月10日、東京都麹町区三番町で、父定二郎・母光沢の三女として生まれる。本名は明	
1898	12	東京女子高等師範学校付属高等女学校に入学	米西戦争
1903	17	日本女子大学家政科に入学。「実践倫理」に心酔	
1911	25	9月、「青鞜」発行。創刊の辞「元始女性は太陽であった」を発表。このときより「らいてう」のペンネームを用いる	辛亥革命
1918	32	与謝野晶子と母性保護論争をはじめる	米騒動
1920	34	3月、新婦人協会結成。対議会運動起こす	国際連盟成立
1930	44	成城に消費組合「我等の家」を設立、組合長となる	世界恐慌はじまる
1933	47	消費組合運動の教育宣伝活動を続ける	日本、国際連盟を脱退
1945	59	4月13日、空襲で曙町の家焼失	広島・長崎に原爆投下
1949	63	世界連邦建設同盟に入会 婦人参政功労者として、感謝状を受ける	北大西洋条約機構調印
1951	65	12月。対日平和条約・日米安全保障条約調印に対して、再軍備反対婦人委員会結成	サンフランシスコ講和条約調印
1953	67	4月、日本婦人団体連合を結成、会長となる	ジュネーヴ協定調印
1962	76	10月、新日本夫人の会結成、代表委員となる	中ソ対立表明化
1967	81	5月、新日本婦人の会代表委員辞任、顧問となる	第3次中東戦争
1970	84	6月、「安保条約の固定期限のおわる6月22日にあたって訴える」の声明を、市川房枝・植村環らとともに行う	日米安保条約自動延長 公害対策基本法改正
1971	85	5月24日、死去	沖縄返還協定調印

さらに詳しい内容については
▶ 清水書院　人と思想⑦　『平塚らいてう』　小林登美枝 著　を参照

129

フーコー
フランスの哲学者

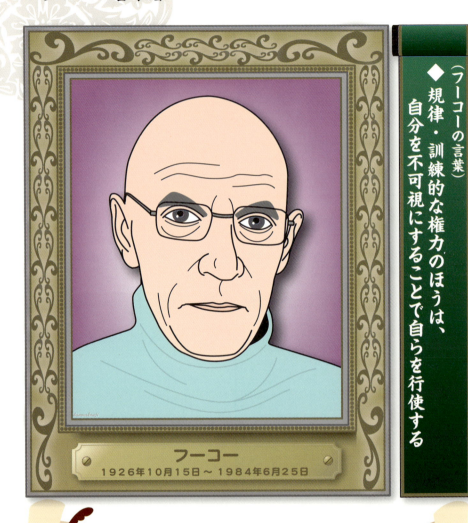

フーコー
1926年10月15日 〜 1984年6月25日

◆（フーコーの言葉）
規律・訓練的な権力のほうは、自分を不可視にすることで自らを行使する

　フーコーはフランスの哲学者で、今日でも現代思想の領域で大きな力を持ちます。フーコーが批判の対象とするものが権力です。権力とは従来は暴力的で、人々に見えるようにして存在していました。そのいい例が公開の処刑です。しかし、現代では権力は規律や訓練を通じて、人々を無自覚のままにそれが意図する方向に人々を導くものになっています。その例は学校です。学校は暴力ではなく、規律・訓練で人々を服従させようとします。病院や工場も同じです。このように、規律・訓練で人を支配し管理する権力は広く現代の社会に埋め込まれています。フーコーが告発するのはこうした権力が日常の細部にまで入り込んでいる現代のありさまなのです。

エピソード

●父との対立
高等中学校でイポリット（ヘーゲル研究者）の哲学授業に感銘を受け、のちの高等師範学校に入学、哲学を学ぶきっかけになる。だが、進学に際しては医学部をすすめていた父と対立、その関係は修復不可能に。

●学生時代
高等師範学校時代はエリート意識の高い周囲との関係に息苦しさを感じ、いさかいを起こしていた。また、同性愛的傾向に悩み、酒量も増え、自殺未遂を起こすなど、精神的不安定になった。

●ベストセラー
1966年、『言葉と物』がベストセラーになり、一躍、時の人となった。この本では、学校・軍隊・工場などの制度や施設を通じて、近代社会が社会規範に服従する人間を作り出してきた過程を明らかにした。

名言集

● 人間とは最近の発明品だ

● 人間は、人間の知にたいして提起された最古の問題でもなければ、もっとも恒常的な問題でもない

● わたしにとって仕事をするということは、かつて自分が考えていたこととは違ったことを考えようとすることです

● 政治にかかわる問題を誤謬とか幻想とか疎外された意識とか、はたまたイデオロギーといったことばでかたづけるべきではなく、つまるところ真理そのものとして考えるべきなのです

● フーコーの仕事はかれの人生のある側面と関連づけなければ理解できないと、もしだれかが思うなら、そうした問題を考察してみてもかまいません。それどころか、そうした問いが正当だと判断すればよろこんでそれに答えるでしょう（笑い）。わたしの個人的な人生はひとの興味をひくようなものはなにもありません。だからそれを秘密にしてもしょうがありませんし、したがってまた、それを公にしてもしょうがないのです

> さらに詳しい内容については
> ▶ 清水書院　人と思想⑱『フーコー』
> 今村仁司・栗原仁 共著　を参照

年　譜

西暦(年)	年齢(歳)	年　譜	参考事項
1926		10月15日、ポワティエでポール・ミシェル・フーコー生まれる	
1930	4	ポワティエ・アンリ4世校幼児学級入学	デリダ、ブルデュー生まれる
1940	14	サン・スタニスラス高等中学校へ転校	フランスがドイツに降伏
1943	17	大学入学資格試験合格。ポワティエ・アンリ4世校準備学級入学	
1945	19	高等師範学校不合格、パリ・アンリ4世校準備学級入学	第二次世界大戦終結
1946	20	高等師範学校合格	北大西洋条約機構成立
1947	21	メルロ・ポンティの授業に出席	
1948	22	自殺未遂を起こす。哲学の学士取得	
1949	23	心理学への傾倒。哲学の高等教育修了証書取得　心理学の学士と高等教育終了証書取得	中華人民共和国成立
1950	24	フランス共産党入党。再び自殺未遂	朝鮮戦争勃発
1961	35	博士号取得	
1962	36	クレウモン-フェラン大学文学部心理学教授に就任	
1966	40	『言葉と物』発刊	
1968	42	ヴァンセンヌ実験大学の創設委員に選出される	5月革命、チェコ事件、イポリット没
1976	50	ルネ・アリオがフーコー原作の『私、ピエール・リヴィエールは母と妹と弟を殺害した』を映画化	ヴェトナム戦争終結　ハイデガー没
1984	58	6月25日、午後1時15分、死去	

131

フォイエルバッハ
ドイツの哲学者

フォイエルバッハ
1804年7月28日 ～ 1872年9月13日

（フォイエルバッハの言葉）
◆人間はキリスト教の神である

　1831年のヘーゲル（→p.144）の急死後、脚光を浴びた哲学者がフォイエルバッハです。彼は『キリスト教の本質』でキリスト教の教えを徹底的に批判します。
　フォイエルバッハによれば、神とは人間に他ならない、あるいは人間は神なのです。例えば、"神は恵み深い"と言った時、恵み深さとは、元々は人間の性格にあてられる言葉である、それを神の性格にあてはめているのですから、人間のよき性格が神の本性であることを示していると言うのです。人間こそ神の基準だと主張します。加えて、キリスト教にとって重要な3つの善さ（信仰、愛、希望）についても、愛は普遍的な本性を持つ善さであるが、信仰は狭隘で制限された本性を持つため、両立しないと批判します。

132

エピソード

●生活の糧

1828年、博士号を取得し、エアランゲン大学の私講師に就任したが、キリスト教の批判をした著書『死および不死についての考察』が問題となり失職（当初、匿名で発表していた）。以後は著述家として活動。1837年、陶磁器工場を経営する女性と結婚。工場経営も生活の糧に。

●ヘーゲル批判

ヘーゲル批判から唯物論の立場に立ち、自らの哲学を「人間学」と呼んだ。特にキリスト教に対し、激しい批判を行った。『キリスト教の本質』は、マルクス、エンゲルスらに多大な影響を与えた。

●晩年

1860年、妻の経営する工場が破綻し、経済事情が悪化。その後、1866『唯心論と唯物論』を発表するが、晩年は病床に就き、貧困のうちにニュルンベルク近郊のレッヒェンベルクで死去した。

名言集

- 神学は人間学だ
- 人を憎むのは、ネズミ一匹を追い出すために、家全体を焼き払うようなものだ
- 君が自我を放棄すればするほど君の愛は偉大になり、真実になる
- 転ぶ者に、手を差し出せ
- 起源的には実践は理論に先行する。しかし、ひとたび理論の立場にまで自己を高めると理論は実践に先行し得る
- 人間とは、その人の食べたものである
- （バイオリンは）A弦が切れたら残りの三本の弦で演奏する。これが人生である

さらに詳しい内容については
▶ 清水書院　人と思想⑦
『フォイエルバッハ』　宇都宮芳明 著
を参照

年　譜

西暦(年)	年齢(歳)	年　譜	参考事項
1804		7月28日ドイツのランツフートに生まれる	ナポレオン、皇帝となる
1814	10	一家でバンベルクに移る	ナポレオン退位
1823	19	ハイデルベルク大学神学部に入学	
1824	20	ベルリン大学神学部に転学。ヘーゲルの講義をきく	
1825	21	ベルリン大学哲学部に転部	
1826	22	エアランゲン大学に転学	ヘーゲル、「学的批判協会」を設立
1828	24	「理性の無限性・唯一性・普遍性について」で学位を得る。この論文をもとに『一にして普遍にして無限な理性について』を出版、ヘーゲルにも送る	
1829	25	エアランゲン大学私講師となる	
1830	26	匿名で『死および不死についての考察』発表	
1831	27		ヘーゲル死去
1835	31	エアランゲン大学で最後の講義（〜36）	
1837	33	ベルタ＝レーヴと結婚。以後ブルックベルクに住む	
1839	35	「ヘーゲル哲学批判のために」	
1841	37	『キリスト教の本質』第一版刊行	マルクス、「ライン新聞」主筆となる
1848	44		マルクス・エンゲルス『共産党宣言』
1859	55	妻の経営する製陶工場倒産	
1860	56	ブルックベルクを離れ、ニュルンベルク郊外に移住	
1866	62	『唯心論と唯物論――とくに意志の自由に関連して』	普墺戦争
1872	68	9月13日死去。ニュルンベルクのヨハンニス墓地に埋葬	

福沢諭吉
明治の啓蒙思想家

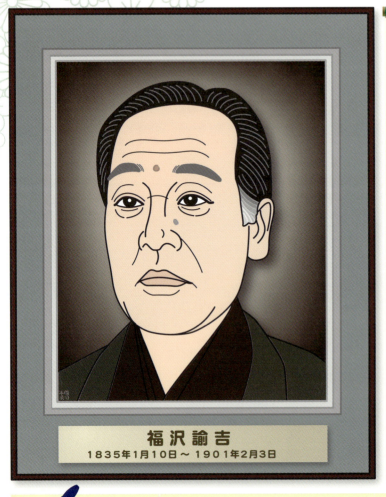

福沢諭吉
1835年1月10日 ～ 1901年2月3日

（福沢諭吉の言葉）
◆ 天は人の上に人を造らず 人の下に人を造らずと言えり

　福沢諭吉は幕末から明治にかけて日本に欧米の思想や制度を紹介するなど、日本の近代化に大きな足跡を残した思想家です。福沢の代表作『学問のすゝめ』は、1872年から1876年にかけて、出版された17編の小冊子を合わせた著作です。
　人間は生まれながらにして、貴賤上下の差別などない。みな平等なのです。士農工商の身分差別を当然の如く思っていた当時の人々にとって福沢のこの言説は衝撃であるとともに、大いに勇気づけられたことでしょう。しかし、福沢の主張はこれに尽きません。問題なのは、本来平等であるにもかかわらず、賢い人、裕福な人がいる反面、愚かな人、貧しい人がいるのは何故なのか、です。その違いは、「学ぶと学ばざるとに由って出来るもの」なのです。ここに学問をする意味があるのです。

エピソード

●お酒
お酒は幼少時代から大好き。物心ついたときから、母に「後でお酒をあげるから」と言われると何でも我慢した。適塾時代に禁酒を試みたところ、仲間から「お酒が飲めないなら、せめて」とタバコを勧められ、以来、酒とタバコのどちらもやめられなくなってしまった。

●迷信嫌い
少年時代は神様の名前が書かれたお札をわざと踏みつけることもあったというほどの迷信嫌い。
江戸時代〜明治時代初期にかけては、まだ「写真に撮られる魂を抜かれる」などという噂もあったが、若い頃から写真が大好きで、当時としては異例の30枚以上の肖像写真を残している。

●一万円札の顔
日本の最高額紙幣、一万円札のデザインが変わり、福沢諭吉の肖像が使われることになったのは1984年。新紙幣発行に際して、最初の大蔵省理財局の案では、十万円札が聖徳太子、五万円札が野口英世、一万円札が福澤諭吉となる予定だった。

名言集

- ●男も人なり 女も人なり
- ●古来文明の進歩、その初は皆いわゆる異端妄説に起らざるものなし（今では当たり前のことも、誰かが最初に言い出したときには大抵誰も信じなかった、という意味）
- ●気品の泉源、智徳の模範たらん（「慶応義塾の目的」として、塾生を前に福沢諭吉が行った演説の一部）
- ●自由の気風は唯多事争論の間に在りて存するものと知る可し（意見の違いから起きる議論や論争があってはじめて自由は存在するという意味）
- ●事を起こすも自力なれば倒すも自力なり（1882年「時事新報」を発刊するときの覚悟を表現したもの）
- ●進まざる者は必ず退き、退かざる者は必ず進む
- ●学問の本趣意は読書のみにあらずして、精神の働きに在り

年　譜

西暦(年)	年齢(歳)	年　譜	参考事項
1834		12月12日（西暦では1835年1月10日）、大阪玉江橋詰中津藩蔵屋敷で、父百助・母順の次男として生まれる。父は中津藩士	
1854	19	2月、蘭学に志し長崎へ行く	日米和親条約
1855	20	大阪へ出て、3月、緒方洪庵の適塾に入門	
1858	23	10月、江戸に出て築地鉄砲州中津藩中屋敷に蘭学塾を開く（慶応義塾の起源）	日米修好通商条約、安政の大獄
1859	24	英学への転向を決意	
1861	26	中津藩士土岐太郎八の次女綿と結婚	
1864	29	10月、幕臣となり外国奉公翻訳方に勤務	
1868	33	4月、塾を芝新銭座に移し、慶応義塾と名付ける 8月、幕府より退身し、以後かかわらない	戊辰戦争
1869	34	11月、福沢諭吉の名で出版業の自営に着手	
1875	40	5月、三田演説館を開く	
1881	46	東京学士会員を辞任。10月、政変起こり政府から圧迫	
1889	54	6月、東京府参事会員に当選（同月辞任）	大日本帝国憲法発布
1892	57	11月、北里柴三郎をたすけて伝染病研究所の設立	
1901	66	2月3日、死去	

さらに詳しい内容については
▶ 清水書院　人と思想㉑ 『福沢諭吉』 鹿野政直 著　を参照

プラトン
古代ギリシャの哲学者

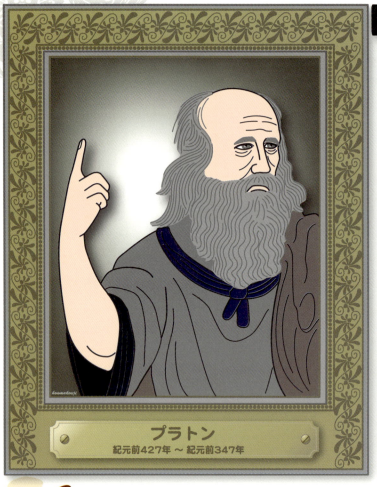

プラトン
紀元前427年 ～ 紀元前347年

（プラトンの言葉）
◆ われわれの任命する最も厳密な意味での守護者たちは、哲学者でなければならぬ

　プラトンはソクラテス、アリストテレスと並ぶ、古代ギリシャを代表する哲学者です。その彼の哲学が凝縮している著作が『国家』です。
　没落しつつあるアテネの民主政治に幻滅を抱いたプラトンは、国家は支配者階級である守護者が、戦士を従えて、商工業者の営利活動をコントロールするように統治しなければならないと考えました。そのうえで、プラトンは、守護者は哲学者でなければならないとしたのです（哲人王、哲人統治）。プラトンのいう哲学者とは善のイデアを把握した人で、人生の何たるかといった究極の真理を手に入れた者です。哲学者とはこうした知識を愛し求める人であり、国の統治者にふさわしい人なのです。

エピソード

●名前
アリストクレスと名づけられていたが、すぐにプラトン（幅広いという意味の）というあだ名をつけられた。

●ソクラテスの弟子
ソクラテスが死刑を執行されたことでアテナイ（ギリシャ共和国の首都アテネの古名）に失望してポリスを離れた。その後、旅をしてまわり、紀元前387年頃にアテナイにもどってきたといわれる。

名言集

●地上での知識は影にすぎない
●個物が意味をもちうるためには、普遍が存在していなくてはならない
●私たちが学習と呼ぶ行為は、じつは思い出すことにほかならない
●最高の勝利は、自分を乗り越えること
●親切にしなさい。あなたが会う人は皆、厳しい闘いをしているのだから

年　譜

西暦(年)	年齢(歳)	年　譜	参考事項
紀元前 427	1	5月、あるいは夏、アテネに、純粋のアテネ人として生まれる。生家は名門貴族。父の名はアリストン、母はペリクチオネ	ミチレネ市民の処置をめぐる裁判、アテネで行われる プラタイア人、ラケダイモン（スパルタ）に降伏
409 ～404	18 ～23	プラトン軍務に服す（？）、騎兵として活躍（？）アリストテレスの『形而上学』によれば、哲学の勉強を開始したことになる	シチリア、カルタゴに侵入 アクロポリスのエレクテイオン神殿完成
399	28	ソクラテスの刑死ののち、メガラ旅行	
387？	40	第1回シチリア旅行。南イタリアも訪問（？）帰国後、アテネ郊外にアカデメイアを創立、そこを住居とす	コリントス戦争、「王の平和」によって終結。ペルシアとスパルタの講和
385	42	『饗宴』執筆（？）	
384	43	『パイドン』執筆	
383	44	『国家（ポリテイア）』第1巻を書く	
367	60	ディオンに招かれ、第2回シチリア旅行 『テアイテトス』執筆（？）	ディオニュシオス1世死去
366	61	シチリア旅行より帰国 『パルメニデス』を書く	シュラクサイとカルタゴの戦いが始まる。マンテネアの戦い。エパミノンダス殺される
360	67	第3回シチリア旅行から帰国、アカデメイアに	
357	70	『ポリティコス』を書く	ディオン、シュラクサイを占領、僭主の座を獲得
355	72	『ティマイオス』を書く	エウドクソス死去
352	75	『第7の手紙』を書く	
351	76	『第8の手紙』を書く（？）	デモステネス、フィリッポス罵倒演説
347	80	プラトン死去。その実相不明	

さらに詳しい内容については
▶ 清水書院　人と思想⑤　『プラトン』　中野幸次 著　を参照

key word　イデアとは

プラトンによれば、例えば、ここにある三角形が三角形たりうるのは、この三角形が三角形のイデア（三角形そのもの）の特徴を分かち持っているからだとする（イデア論）。三角形、犬、人間などなど現実界の

さまざまな物体や事象1つ1つに対応して、プラトンは三角形のイデア、犬のイデア、人間のイデアが存在すると考える。現実の世界に対して、イデア界には無数のイデアが存在するのだ。その数あるイデアを束ねる究極のイデアが善のイデアに他ならない。

フレーベル
ドイツの教育家

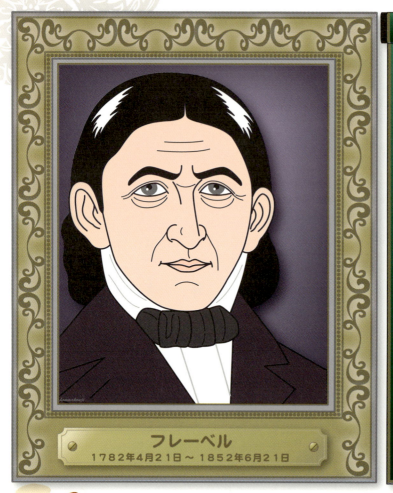

フレーベル
1782年4月21日～1852年6月21日

◆〈フレーベルの言葉〉
根源的な神的本質をあらゆる側面から涵養することによって、それを人間の生命のなかに表現することが、すべての教育や教訓、およびすべての教授の唯一の目的、唯一の目標

　　フレーベルはドイツで幼稚園を設立し、幼児教育の分野で大きな功績を残したことから、幼稚園（キンダーガーデン）の創設者と言われています。
　　フレーベルの教育思想を貫く大きな柱は、人間は神に似るように創造されており、人間の本質は神の特徴を備えている、という人間観です。それゆえフレーベルは、教育とは子供のなかに宿っている神的な本質を表に表し、実現することを目的としなければならないと考えたのです。現代でも、子供に知識を詰め込む教育や子供を大人の好む方向にしつける教育が幅を利かせています。フレーベルの教育哲学は、こうした教育を見直すうえで現代でも重要な意味を持っているといえるでしょう。

エピソード

- 世界で初めて幼稚園を創設、保育士養成所を開いた。また積木の原点である「恩物（おんぶつ）」をを開発したことでも知られる。こうした偉大な業績によって「幼児教育の父」と呼ばれている
- アンパンマンをはじめとする絵本や図鑑など児童書を中心とした日本の出版社、「フレーベル館」という社名の由来はフリードリヒ・フレーベルの名前から

名言集

- 現実の自分がもしかしたらなれたかもしれない自分に悲しげに挨拶をする
- 子供は5歳までに、その生涯に学ぶべき事を学び終わる
- 知恵を求めることは、人間の最高の目的であり、人間の自己決定の最高の行為である

key word　フレーベルの教育論

　フレーベルが実際の教育の営みのなかで重要視するものが勤労学習である。神は人間を自分の似姿として創造したのだから、神の創造的行為と同じように、人間も創造し、活動しなければならないと言う。それがフレーベルにとって、勤労である。人間が勤労に勤しむのは、自分の活動によってできた制作物を通じて、自分のなかにある神的な本質を認めるためであるという。そこで、フレーベルは勤労を取り入れた学習、すなわち、生活に根ざした学習を最も具体的な学習として重んじる。勤労を取り入れた学習は単に知識を獲得するだけではなく、勤勉の精神や節制をはじめとするさまざまな美徳を身につけることも可能だとフレーベルは主張する。

年　譜

西暦(年)	年齢(歳)	年　譜	参考事項
1782		4月22日、チューリンゲン、オーベルヴァイスバッハで、牧師一家の6番目の末子としてフリードリヒ・ヴィルヘルム・アウグスト・フレーベルが生まれる	
1789	7	シュタットイルムの初等学校に通う	フランス革命おきる
1809	27	ペスタロッチ教育法の採用をシュヴァルツブルク・ルードルシュタット侯妃に建議	
1816	34	11月13日、チューリンゲン、グリースハイムの「一般ドイツ教育施設（学園）」創設	
1818	36	9月11日、ヘンリエッテ・ヴィルヘルミーネ・ホフマイスターとベルリンで結婚	
1827	45		ペスタロッチ死去
1835	53	ブルクドルフの孤児院（初等学校）の指導	
1839	57	ヴィルヘルミーネ・フレーベル死去	
1840	58	一般ドイツ幼稚園財団設立	
1843	61	ブランケンブルクに全日制幼稚園設立	
1849	67	マイニンゲンのパート・リーベンシュタインで「発達的・教育的人間淘治による多面的な生の合一のための施設」を開設	
1851	69	6月9日、ルイーゼ・レヴィンと再婚 8月7日付でプロイセンで幼稚園禁止令	ロンドン万国博覧会開催
1852	70	6月21日、マリーエンタールにて死去	

さらに詳しい内容については
▶ 清水書院　人と思想⑭　『フレーベル』　小笠原道雄 著　を参照

フロイト
精神分析学の樹立者

フロイト
1856年5月6日 〜 1939年9月23日

（フロイトの言葉）
◆人間の心は超自我、自我、エスという3つの国あるいは領域あるいは区画に分かれます

　フロイトは精神分析学を樹立した心理学者です。彼が提唱した精神分析とは、人間の心の奥底には無意識の世界があると考えたうえで、夢や神経症、ひいては人間が築く文化を無意識との関連で説明する学説なのです。フロイトは人間の心の奥底に存在する無意識をエスと呼びます。エスはリビドーと呼ぶ性的欲情からわき起こるエネルギーで充満されており、無秩序で、混沌としています。これは快楽を満たすことを目的にしています。しかし人間がこのエスに従って行動すると社会は成り立ちません。そこでエスを抑圧する心の部分が必要となります。それが自我なのです。エスが快楽原則に従うのに対して、自我は現実原則に従います。

エピソード

●特別扱い

フロイトが生まれたときに、母親はある農家の老婆に「大人物をお産みになった」と言われ、両親の期待も大きくなる。6人の兄弟と両親は3つの寝室を分けあう中、家計がどんなに苦しいときでもフロイトだけは個室が与えられていた。学校でも成績はずっとトップで、その優秀さから授業中に教師に当てられることを免除されていた。

●コカインを勧めて友人をコカイン中毒に！

中毒性がまだ明らかになっていなかった頃、コカインを、痛み、うつ病、無気力を防ぐ万能薬と信じ込み、自ら服用しただけではなく、妻のマルタや友人にもコカインを勧めた。手の腫瘍の痛みに苦しんでいた友人は言われるままに毎日大量にコカインを服用、コカイン中毒になった。

名言集

- ●夢は現実の投影であり、現実は夢の投影である
- ●夢はひとに未来を示すという古い信仰にもまたなるほど一面の真理は含まれていよう。とにかく夢は願望を満たされたものとしてわれわれに示すことによって、ある意味ではわれわれを未来の中へと導いて行く
- ●チャンスが訪れる日に備えなさい。幸運とは、準備とチャンスの出会いなのです
- ●力は、あなたの弱さの中から生まれるのです
- ●愛情をケチってはいけない。元手は使うことによって取りもどせるものだ
- ●何事かを試み失敗する人間のほうが、何事も試みずに成功する人間よりどれだけよいか分からない

さらに詳しい内容については
▶ 清水書院　人と思想㉔
『フロイト』 鈴村金彌 著 を参照

年　譜

西暦(年)	年齢(歳)	年　譜	参考事項
1856		5月6日、生まれる。3歳でウィーンに転居	クリミア戦争終結
1873	17	ウィーン大学入学	ビスマルクの文化闘争はじまる
1882	26	ブロイアーとヒステリーの共同研究を始める	三国同盟成立
1886	30	神経病医としてウィーンに住む	
1892	36	『ヒステリー現象の心理機制』刊行	
1895	39	ブロイアーと共著で『ヒステリー研究』刊行	
1900	44	『夢の解釈』初版刊行。この年を精神分析学発祥の年とする	
1904	48	『日常生活の精神病理』刊行	
1908	52	第一回国際精神分析学大会がザルツブルクで開かれる。『精神分析・精神病理学研究年報』創刊	オーストリア、ボスニア・ヘルツェゴビナを併合
1910	54	国際精神分析学会創立	
1913	57	『トーテムとタブー』刊行	
1914	58	『ナルチシズム序説』刊行	第一次世界大戦
1920	64	『快感原則の彼岸』刊行。「死の本能」提唱	国際連盟成立
1922	66	「超自我」を提唱	
1926	70	『不安論』刊行	
1930	74	『文明と不満』刊行	
1938	82	ナチス-ドイツに追われてウィーン退去。パリ経由でロンドンに亡命	ドイツ、オーストリアを併合
1939	83	9月3日、ロンドンで死去	第二次世界大戦

フロム
ドイツのユダヤ人心理学者

フロム
1900年3月23日 ～ 1980年3月18日

◆（フロムの言葉）
個人的自己からのがれること、自分自身を失うこと、いいかえれば、自由の重荷からのがれることである

　ドイツの心理学者フロムは、人類が多くの犠牲を払って自由を獲得したにもかかわらず、その自由を放棄してしまう心理的傾向を持っていることを明らかにしました。
　フロムによれば、自由である人はその自由であるが故に、自分で決断をしなければなりません。それは孤独な行為であり、責任も伴っています。すると人は自分自身の独立した自我を棄てて、圧倒的に強いと感じる人物や力に服従しようとします。人はこうして自由から逃避するのです。また、フロムは、権威に服従する人はその正反対に権威と一体化して、他人を支配し、相手を無力な対象にしようともするといいます。このような両面を兼ねそろえた性格を権威主義的性格と呼びました。

エピソード

●名前

一般に「エーリッヒ・フロム」と呼ばれるが、本人は「エリック・フロム」と呼ばれることを望んでいたという。

●結婚

精神科医のフリーダ・フロム・ライヒマンと、一時期結婚していたが、後に別居。フロムは別の女性と再婚するも、フリーダが死去するまで離婚後も交友が続いた。

名言集

● 楽園を追放された、人間は、歴史への道に出ていくことを強いられたのである。神話の用語でいえば、人間は帰ることを許されない。実際は人間は帰ることができないのである

● 幼稚な愛は「愛されているから愛する」という原則にしたがう。成熟した愛は「愛するから愛される」という原則にしたがう

● 愛は自分自身の愛する能力にもとづいて、愛する人の成長と幸福を積極的に求めることである

年　譜

西暦(年)	年齢(歳)	年　譜	参考事項
1900		3月23日、ドイツに生まれる	
1922	22	ハイデルベルク大学で哲学博士の学位を受ける	
1923	23	ベルリン精神分析研究所に訓練生として入る	フランクフルト社会研究所創立
1929	29	フランクフルト精神分析研究所の所員になり、のちにフランクフルト社会研究所所員を兼ねる	世界恐慌
1932	32		ナチ第一党になる
1933	33	フランクフルトの両研究所、ナチにより閉鎖を命じられ失職。カレン・ホーナイの尽力により、アメリカのシカゴ精神分析研究所に移る	ヒトラー、首相に就任
1934	34	ニューヨークに移り、社会調査研究所所員になる	
1937	37		ホーナイ、『現代の神経症的パーソナリティ』を発表（新フロイト派のはじめ）
1939	39	社会調査研究所を辞任	第二次世界大戦
1941	41	ホーナイらとアメリカ精神分析研究所設立、ベニントン-カレッジ教授に就任、『自由からの逃走』出版	
1947	47	『自分自身のための人間』（邦訳『人間における自由』）出版	
1949	49	メキシコに移住	
1951	51	『忘れられた言葉』（邦訳『夢の精神分析』）出版	
1952	52	メキシコ国立大学教授に就任	
1956	56	『愛する技術』（邦訳『愛するということ』）出版	
1959	59	『フロイトの使命』出版	
1962	62	『幻想の鎖を超えて』（邦訳『疑惑と行動』）出版	キューバ危機
1963	63	『キリストの教義』（邦訳『革命的人間』）出版	ケネディ大統領暗殺
1964	64	『人間の心』（邦訳『悪について』）出版	
1968	68	『希望の革命』出版	ニクソン、大統領に当選アメリカ軍、ベトナムから撤兵
1974	74	スイスに転居	
1980	79	3月18日、心臓発作のため死去	

さらに詳しい内容については
▶ 清水書院　人と思想⑥　『フロム』　安田一郎 著　を参照

ヘーゲル
ドイツの哲学者

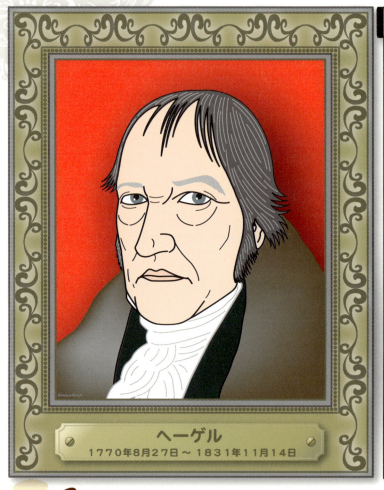

ヘーゲル
１７７０年８月２７日 ～ １８３１年１１月１４日

（ヘーゲルの言葉）
◆真理は全体である。だが、全体とは自らの展開を通じて自らを完成する実在のことにほかならない

　ヘーゲルは19世紀前半にドイツの思想界に君臨した哲学者です。
　彼の哲学の基本は、物事を途中の過程（プロセス）を含めた全体でとらえるという視点です。例えば、ある人がＡという意見を提起し、別の人がＢという反対意見を提起したとき、ＡとＢとを統合する、Ｃという新たな意見が形成されるとします。このように、ＡとＡの対立項（＝Ｂ）から新たな事項（Ｃ）が成立するような、物事の生成の法則を弁証法といいます。ヘーゲルによれば、Ａと非Ａから両者を統合するＣが生成されるという弁証法的なプロセス全体が真理であるというのです。そして彼は、真理は全体であると見るばかりではなく、自己生成する主体でもあると見るのです。

エピソード

●学校での様子

最初は神学教育を受けて牧師になることを志したが、フランス革命に共感するなど、時代の変化にも敏感で、哲学者として歴史の意味を考察することになった。

3歳で学校に通い出し、18歳まで首席で通す非の打ちどころがない秀才で真面目一辺倒。だが、大学時代から少しずつ不真面目な態度を見せるようになり、講義中はとにかく居眠りが多く、前の晩から飲み明かして始めから欠席してしまうことも。制服も着ず、だらしない格好で神学校の生徒でありながら礼拝を欠席することもあった。

●大学講師

イエナ大学で講師として働き出した頃、仕立屋に下宿していたが、家主の妻を妊娠させてしまう。彼女は夫がいるにもかかわらず、ヘーゲルの子供を出産。ヘーゲルは考えあぐねた末に、子供を認知することなくイエナの街から去った。

名言集

- ●あらゆる現実は歴史的な過程だ
- ●哲学の課題がなんであり、その目的がなんであるかを理解するのは理性だ
- ●哲学の個々の部分は、それ自体が哲学的全体であり、循環する円環をなしており、それ自体において完全だ
- ●世界史全体のそれぞれの段階は、世界精神の理念における必然的な契機だ
- ●絶対者については、それが本質的に成果である、つまりその終極にいたってはじめてそれが本当のところそれであるものとなるのだと言っておかねばならない
- ●歴史を学ぶと、我々が歴史から学んでいないことが分かる

さらに詳しい内容については
▶ 清水書院　人と思想⑰
　『ヘーゲル』　澤田 章 著　を参照

年　譜

西暦(年)	年齢(歳)	年　譜	参考事項
1770		8月27日、シュツットガルトに生まれる	
1774	4		ゲーテ『若きウェルテルの悩み』
1776	6	悪性の天然痘にかかり、生命が危ぶまれる	
1788	18	ギムナジウム卒業、チュービンゲン大学神学部入学、ヘルダーリンにも同時に入学	
1789	19		フランス革命。人権宣言
1801	31	『惑星の軌道について』、イエナ大学私講師	
1802	32	『哲学批評雑誌』を発行	ナポレオン終身第一統領となる
1805	35	ゲーテの推挙で、イエナ大学の員外教授（助教授）に	
1806	36		イエナ、ナポレオン軍に占領される
1807	37	イエナ大学閉鎖　バンベルク新聞編集者となる。『精神現象学』刊行	
1808	38	ニュルンベルクのギムナジウムの校長兼哲学教授	ゲーテ『ファウスト』第一部
1814	44		ナポレオン退位、エルバ島に流される
1818	48	ベルリン大学教授に就任	
1821	51	『法の哲学』刊行	
1823	53	ヘーゲル学派の形成はじまる	
1827	57	パリに旅行、帰途ワイマールにゲーテを訪ねる	
1829	59	ベルリン大学総長になる	ヨーロッパにコレラ大流行
1831	61	11月14日、コレラで死去	

ベーコン

イギリスの政治家・哲学者

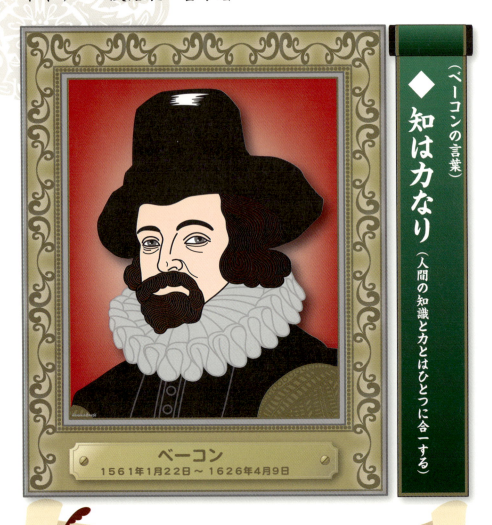

ベーコン
1561年1月22日 ～ 1626年4月9日

◆ 知は力なり （人間の知識と力とはひとつに合一する）

〈ベーコンの言葉〉

　ベーコンはイギリスの政治家・哲学者であり、今日ではイギリス経験論の先駆けとして位置づけられる思想家です。
　ベーコンによれば、知識や学問は自然の支配を目的とした、有用・有益なものでなければならないのです。そのためには、人間は自然法則を知らなければなりません。「知識と力とはひとつに合一する（知は力なり）」という一文はベーコンのこうした思想を表しています。ベーコンは自然法則を知るには、私たちに根付いているイドラ（先入観や偏見）を取り除かねばならないといいます。これを除いて、実験や観察を通じて、自然をありのままに見つめれば、自然法則を見いだすことができると言うのです。

エピソード

●実験がもとで・・・

鶏に雪を詰めた冷凍の実験を行った際、気管支炎にかかり、それが原因で亡くなった。

●フランシス・ベーコン＝シェークスピア説

イギリスのシェイクスピアは偉大な作家でありながら伝記的な資料はきわめて乏しく、本当にいたかどうか疑問をもたれ、シェイクスピアの正体はフランシス・ベーコンではないか？という説も。

key word 帰納法

自然法則を導く思考方法としてベーコンが提唱したものが帰納法である。これは、多様な個別の事例、データから一般的な法則や共通項を導く方法だ。ベーコンは熱の特徴をいろいろな視点から観察して、そこから熱の定義を導くという例でこれを明らかにした。

名言集

●なんといっても最上の証明は経験だ

●真理は「時」の娘であり、権威の娘ではない

●賢者はチャンスを見つけるよりも、みずからチャンスを創りだす

●沈黙は愚者たちの美徳である

●人生は道路のようなものだ。一番の近道は、たいてい一番悪い道だ

●若い時は一日は短く一年は長い。年をとると一年は短く一日は長い

さらに詳しい内容については
▶ 清水書院 人と思想㊸
『ベーコン』 石井栄一 著 を参照

年 譜

西暦(年)	年齢(歳)	年 譜	参考事項
1561		1月22日、大法官ニコラス・ベーコンと後妻アン・クークとのあいだの二男として、ロンドンのストランドのヨーク・ハウスに生まれる	メアリ・スチュアート、スコットランドに帰り、エリザベス女王との抗争が始まる
1576	15	6月、グレイズ・イン法学院に入学	
1584	23	11月、エリザベス女王召集の第五回会で下院議員に	
1597	36	エリザベス女王の特別顧問官に正式に任命される	国会で反独占論争起こる
1601	40	普通法（コモン・ロー）の大家エドワード・コークとの間の争い起こる	2月、エセックス伯、処刑される ポルトガル人、オーストラリア大陸を発見
1603	42	ジェームズ1世の学識顧問官となりナイトの称号を受ける	3月、エリザベス女王崩御
1606	45	5月、アリス・バーナムと結婚する	ジェームズ1世、トン税およびポンド税を課税
1607	46	6月、法務次官に任命される	
1608	47	星室庁書記を継承する	
1610	49	ニューファンランドへの漁業植民事業に参画する	ガリレイ、木星の衛星、月の斑点、太陽の黒点などを観測。ケンブルの法則、イギリスに知られる
1612	51	特許権裁判所判事に任命される	
1613	52	法務長官に任命される	イギリスの使節、日本を訪れ、両国の通商始まる
1614	53	6月、枢密顧問官に任命される	シェークスピア死去
1618	57	1月、大法官に任命され、7月にヴェルラムの男爵に叙せられる	
1620	59	『ノヴム‐オルガヌム（新機関）』を刊行	
1626	65	3月末、ロンドン郊外で倒れる 4月9日、イースターの朝、死去	

ペスタロッチ

スイスの教育家

ペスタロッチ
1746年1月12日 ～ 1827年2月17日

（ペスタロッチの言葉）
◆自然の力はたとえそれが抵抗できない強い力で真理へ導きゆくとはいえ、その導きのうちには少しも窮屈なところがない

　近代の民衆教育の分野で大きな影響を与えた教育家がペスタロッチです。
　彼は子どもの教育とは自然の力に任せるべきであると主張しています。自然とは実直で無理のない世界、作為的で技巧的ではない状態を言います。子どもが本来持つ自然の発達を無視した教育は、子どもの精神の安らぎや釣り合いをかき乱してしまうのです。また、教育は子どもの身近な世界から始めなくてはならないとしています。言葉による教育ではなく、直接現実の事物を見たり聞いたりすることから教育を始めなければならないのです。ペスタロッチは生活を土台にした教育、実物による教育を提唱しています。

エピソード

●ゴミひろい

スイスのごみごみとした通りでは、ボロ服を着た子どもたちがいつも裸足で遊んでいた。ペスタロッチは道で遊ぶ子ども達が怪我をするかも知れないと、いつもガラスの破片を拾ってはポケットにしまい込んだ。このあまりの怪しい行動に、警察官にいきなりポケットに手を突っ込まれたことも。理由がわかると警察官も丁重に詫びた。警察官は、もしや！と思って名前をたずね、有名な教育家のペスタロッチとわかると深々とお詫びのお礼をしたという。

名言集

- ●人間の最大の勝利とは自己に対する勝利である
- ●私の住んでいる所は荒海の小さな岩のようなものだ。私は再びこの岩を離れ、波高い大海に泳ぎださなくてはならない
- ●人間が互いに愛情を示しあうところ、神は近くにある
- ●我々の団結のなかで、自らの利己心を満足せしめる手段のみを望むような人は、我々から別れ去ってもらおうではないか

> さらに詳しい内容については
> ▶ 清水書院　人と思想⑩⑤『ペスタロッチ』
> 　 長尾十三二・福田 弘 共著　を参照

年　譜

西暦(年)	年齢(歳)	年　譜	参考事項
1746		1月12日、チューリッヒで誕生	
1762	16		ルソー『エミール』
1763	17	カール大学（現チューリッヒ大学）に入学、哲学・文献学を履修	
1769	23	農場経営に着手（1774年に経営破綻）	
1774	28	貧民学校を開設（1780年に閉鎖）	バセドウ、汎愛学舎を開設
1780	34	「エフェメリデン」誌に『隠者の夕暮』を発表	
1781	35	『リーンハルトとゲルトルート』第一部刊行（1787年にかけて第四部まで刊行）	
1782	36	『クリストフとエルゼ』（副題『民衆のためのわたしの第二の書』）を刊行	
1790	44	『リーンハルトとゲルトルート』改訂版を刊行	
1798	52	シュタンツ孤児院長に着任、翌年閉鎖	
1799	53	『シュタンツ便り』を執筆	
1800	54	スイス政府、ペスタロッチ援助のための「教育制度の友の会」を設立、ブルクドルフに学園開設	
1801	55	『ゲルトルート児童教育法』を刊行	
1802	56		ヘルバルトがペスタロッチの最近の著書に関する研究を発表
1804	58	ミュンヘンビッフゼーに移転（翌年放棄）、イヴェルドンに学園の分校開設	
1806	60	イヴェルドンに女子学園を開設（1813年譲渡）	
1808	62		フレーベルがイヴェルドンの学園に住み込む
1818	72	貧民学校を開設、翌年イヴェルドンの学園に併合	
1825	79	すべての学園を放棄	
1826	80	『白鳥の歌』刊行	フレーベル『人間の教育』
1827	81	2月17日、ブルックにて死去	

ベンサム
イギリスの功利主義哲学者

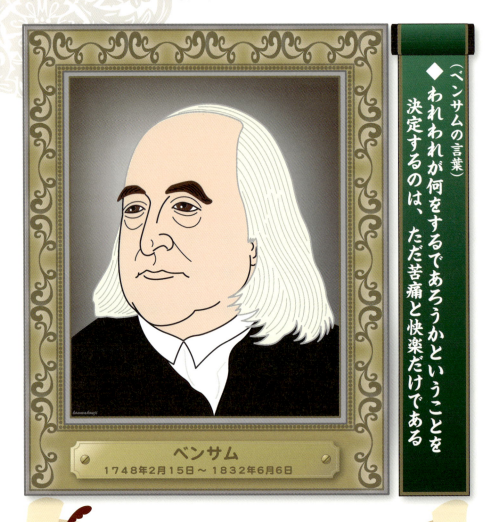

（ベンサムの言葉）
◆われわれが何をするであろうかということを決定するのは、ただ苦痛と快楽だけである

　ベンサムは功利主義思想を提唱したイギリスの思想家です。彼の独自性は、功利主義の人間観に基づいて、社会のあり方を考察した点にあります。
　ベンサムは、社会とは個人の集合であるので、社会全体の快楽（幸福、厚生）とは、各個人の快楽を合計した値になるとしています。これを最大化した値を"最大多数の最大幸福"と言い、政府の目標はこれを実現することであるとベンサムは主張したのです。
　こうした功利主義的な見方、人間理解は、利潤追求を営む人間活動を考察する経済学と相性がよく、現代でも大きな影響力を持っています。

エピソード

●名前の発音
Benthamは「ベンタム」と読ませるのが正しいという説もある。

●家庭環境
ロンドンのトーリー党（イギリスの政党）の裕福な家庭で生まれる。3歳時からラテン語を習い、幼少の頃から、父の机で英国史を何巻も読んで神童として認識された。15歳でオックスフォード大学を卒業した。

●ミイラの遺言
死後、自分の遺体を解剖し、ミイラにして残すように遺言した。当時は解剖が禁止されていたが、実行され、現在はロンドン大学のガラスケースに飾られている。生涯独身だった。

名言集

●最大多数の最大幸福は、道徳と立法の基盤である
●いかなる法律も自由の侵害である
●快楽には、苦痛の半分の力さえない
●我々は、他人に幸福を分け与えることにより、それと比例して、自分の幸福を増加させている

key word　功利主義

功利主義とは、人間は快楽を求め、苦痛を避ける性向があることに着目して、善とは快楽であり、悪とは苦痛であるとする思想を言う。

> さらに詳しい内容については
> ▶ 清水書院　人と思想⑯
> 　『ベンサム』 山田英世 著　を参照

年譜

西暦(年)	年齢(歳)	年譜	参考事項
1748	1	2月15日、ベンサム、ロンドンに生まれる	ヒューム『人間悟性論』
1755	7	ウェストミンスター - スクールに入学	
1760	12	オクスフォード大学クィーンズ - カレッジに入学	
1763	15	オクスフォード大学卒業、文学士の称号をえる	
1766	18	オクスフォード大学で文学修士の称号をえる	
1770	22	マンスフィールドを弁護する文章を新聞に発表	
1772	24	リンカーン法学院で法廷弁護士の資格をえる	
1776	28	『政府論断章』を匿名で出版	アメリカ独立宣言
1789	44	『道徳および立法の諸原理序論』刊行	
1793	45	フランス国民議会に「諸君の植民地を解放せよ」を提議	第1回対仏大同盟（～97）
1800	52	オーエンの事業に投資する	オーエン、ニュー - ラナークの紡績工場の総支配人となる
1804	56	『政治経済学原理』を最後に経済学研究からはなれる	
1817	69	弁護士協会の会員となる	
1826	78	ロンドン大学創設委員の一人として活躍	ロンドン大学創設
1832	84	6月7日、ロンドンにて死去	第2回選挙法改正

実力クイズ

問題　次の4人のうち、ノーベル平和賞を受賞してない人物は？

（答えはp.208）

A・ガンジー　B・マザーテレサ　C・キング　D・シュバイツァー

151

法然
鎌倉時代浄土宗の開祖

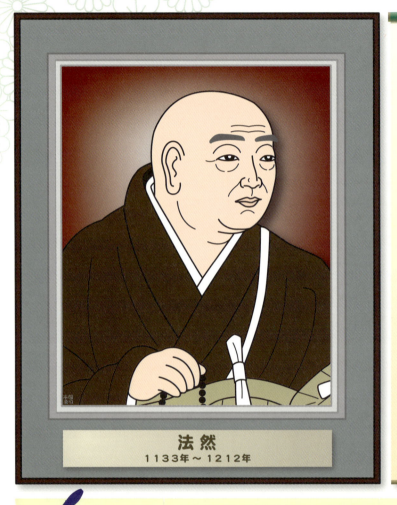

法然
1133年～1212年

（法然の言葉）
◆ただ、往生極楽のためニハ、南無阿弥陀仏と申て、疑なく往生スルゾト思とりテ、申外ニハ別ノ子さい候ハず

　法然は鎌倉時代の新仏教を起こした最初の人であり、浄土宗の開祖です。43歳の時、中国の浄土教の高僧が著した『観経疏』を読んで専修念仏の考えに共鳴し、比叡山を下りました。そして、京都を主な拠点として、念仏専修の教えを人々に広めたのです。
　法然は念仏を唱えるうえで、真実の心、一途な心（至誠心）、阿弥陀仏の本願を深く信じる心（深心）、この世のことに背を向けてでも、極楽の世界への往生を強く願う心（回向発願心）をもって行うように説きました。
　法然によれば、阿弥陀仏の慈悲（愛）は、どのような人であろうと等しくおよぶものです。念仏する人々の間に差別はないのです。

エピソード

●父の非業
1141年、父、漆間時国は、日頃より反目していた敵の源内武者明石定明の夜襲にあい、死を遂げる。時国は死ぬ間際、9歳の勢至丸（法然上人の幼名）を呼び寄せて、「決して仇を討ってはいけない。仇は仇を生み、憎しみは絶えることがなくってしまう。それならばどうか、全ての人が救われる道を探し、悩んでいる多くの人々を救って欲しい」という遺言を残し、息を引き取った。

●女性への布教
日本仏教史上初めて、一般の女性にひろく布教をおこなった。国家権力との関係を断ちきり、個人の救済に専念する姿勢を示したことで知られる。

●教え
日々の生活に苦しむ庶民に、ひたすら念仏を称えれば皆、平等に救われる。

名言集

- ●一丈の堀を越えんと思うものは一丈五尺を越えんと励むべきなり
- ●栄ある者も久しからず、命ある者も愁いあり
- ●目のさめたらんほど、念仏し給へ
- ●智者の振る舞いせずして、ただ一向に念仏すべし
- ●身は卑しく保ち、心は高く持つべし
- ●浄土を往生しようと望む人は、それができるか、できないかに迷わずに、自分が間違いなく往生できるのだという確信をもって念仏すれば、必ず往生できる
- ●疑いながらも、念ずれば、往生す

key word 専修念仏

極楽浄土に往生するためには、ひたすら念仏（南無阿弥陀仏）を唱え、他の行はいっさい行わないということ。法然の浄土宗の立場を示すことば。念仏は行の1つではなく、阿弥陀仏が自ら選んだものであるとして、他の行をいっさい否定した。

年譜

西暦(年)	年齢(歳)	年 譜	参考事項
1133		押領使の子として美作国に生まれる	
1141	8	父が土地問題で殺害される	
1146	13	比叡山延暦寺に入り、修行	
1147	14	比叡山戒壇院で得度、受戒	
1150	17	比叡山黒谷別所に移る	
1156	23	嵯峨の清凉寺や醍醐寺などに遊学	
1168	35		栄西、南宋へ
1175	42	比叡山を下り、浄土宗を開眼（立教開宗）	
1186	53	大原勝林院で聖道門と浄土門の二門を論じる	
1187	54		栄西、再度南宋へ
1191	58		栄西、帰国し臨済宗を広める
1194	61		禅宗停止の宣下
1198	65	『選択本願念仏集』を著す	
1204	71	比叡山僧から念仏停止の要求（元久の法難）	
1205	72	興福寺の宗徒が念仏禁断の奏状を提出	
1207	74	後鳥羽上皇の念仏停止の院宣により、土佐国（実際には讃岐国）へ流罪（建永の法難？）10か月後に赦免され、摂津国で過ごす	親鸞が越後国へ流罪
1211	78	京都へ戻る	
1212	79	『一枚起請文』を著す 京都にて死去	

153

墨子
墨家の祖

墨子
紀元前470年？〜紀元前390年？

◆（墨子の言葉）
天下兼ねて相愛すれば則ち治まり、相悪めば則ち乱る

　墨子は、"儒学の祖"孔子（→ p.56）が活躍していた時代の後に生きた思想家で、墨家と呼ばれる学派の始祖です。
　墨子は世界中の人々が広く愛し合えば、平和が訪れるが、憎しみ合えば、世が乱れると言っています。墨子の思想のキーワードは「兼愛」（広く愛する）なのです。
　儒学が提唱する仁も愛ですが、どちらかと言えば、家族愛のことです。これに対して、墨子の兼愛は世界の人々に向けた愛という意味を含んでいます。互いに愛すれば、双方、相手から利益を得ることもできると墨子は主張するのです。兼愛は交利（互いに利する）と一体であるといえます。

エピソード

●姓名
墨は姓、名は翟で「ぼくてき」と言う。生没年は定かではない。一説によれば、墨は入墨の刑で墨子は受刑者を意味し、社会や反対派が彼を卑しんで呼んだのに始まる。墨子の事跡は明らかでないが、魯に生まれて、宋に仕えたという。

●現実主義者
博愛の精神をうったえ、戦争を否定した。一面現実的でもあって、絶対の反戦主義者ではない。敵が攻めてきたら、自軍が防衛することは当然であると考える専守防衛の発想である。

名言集

- 我に投ずるに桃を以てす、之に報ゆるに李を以てす
- 万事、義より貴きはなし
- 才能のある人を活かすも殺すも使う人による
- 君子は水に鏡せずして人に鏡る。水に鏡すれば面の容を見る。人に鏡すれば則ち吉と凶とを知る
- 死して後、医を求む
- 良弓は張り難し、良馬は乗り難し
- 賢君有り雖も、無功の臣を愛さず、慈父有り雖も、無益の子を愛さず
- 人はその長ずる所に死せざるはすくなし
- 大いなる不義を犯して、人の国を攻めば非とされず名誉とし、正義とす。それが不義なることを知らず

年譜

西暦(年)	年齢(歳)	年譜	参考事項
前470（前450もあり）		魯で生まれる	
前453	17		晋が分立し、三晋と称する
前444	26	楚の宋攻略を中止させる	
前439	31	楚王に平和論の書物を献じる	
前415	55	子思らとともに、魯から斉に移る	
前403	67		戦国時代（〜前221）
前390	80	死去	

●春秋・戦国時代（紀元前600年ごろ〜紀元前221年）の中国とおもな思想家（一部をのぞく）

155

ホッブズ
イギリスの哲学者

ホッブズ
1588年4月5日 ～ 1679年12月4日

◆（ホッブズの言葉）
各人の各人にたいする戦争からは、何事も不正ではないということが当然帰結される

　ホッブズは、17世紀イギリスの革命期を生きた哲学者です。主著『リヴァイアサン』で、彼は社会契約論を展開しました。人は自然状態（各人の各人に対する戦争の状態）では生きるために何をしてもいいので、不正なことは存在しません。しかしその状態では恐怖と不安が絶えないので、各人は生きるために何をしてもいい自由（自然権）を放棄し合う契約を結び、国家を設立するとしています。いったん国家ができれば、自然状態に舞い戻らぬように、国家はリヴァイアサン（『旧約聖書』に出てくる、神に次ぐ力を持つ怪物）のような強大なものでなくてはならないというのです。

エピソード

●家庭環境

イングランド西南部のマームズベリー近郊の貧困家庭に生まれる。牧師の父は飲んだくれで家族を捨てて、ロンドンでひっそりと亡くなった。叔父に引き取られ弱冠14歳でオックスフォード大学に入学、数学、幾何学が得意で、ラテン語、フランス語、イタリア語などをあやつって天才と讃えられた。

●趣味など

ひげ面の赤ら顔で身長は180センチの大男。規則正しい生活を心がけた。

趣味は音楽。リュートを弾いたりアカペラで歌ったりした。ときにはテニスも楽しんだ。

●愛称

フランス亡命中に教え子のチャールズ皇太子から「熊（ベア）ちゃん」と呼ばれて愛された。

名言集

- 人間は機械だ
- 生命とは四肢の運動にほかならない
- 心はいわば原動力にあたり、神経は無数の紐で、結合部は無数の輪だ。これらが身体全体を動かすもとだ
- 感覚と思考、そして一連の思想をのぞけば、人間の精神はまったく動かなくなる
- 言葉は貧者の貨幣である
- 若いうちに数回失敗することは非常に有益である
- 誰が正しいか、ではなく、何が正しいかが重要だ
- 人生の大きな目的は、知識ではなく行動である
- ため息は、心の言葉である
- 人間の最大の誘惑は、あまりにも小さなことに満足してしまうことだ
- 失敗は落胆の原因ではなく、新鮮な刺激である

さらに詳しい内容については
▶ 清水書院　人と思想㊾
　『ホッブズ』　田中 浩 著　を参照

年　譜

西暦(年)	年齢(歳)	年　譜	参考事項
1588		4月5日、国教会の牧師の次男として、ウィルトシャー州マームズベリー近郊のウェストポートに生まれる	イギリス、スペインの無敵艦隊を破る
1592	4	ウェストポート教会の学校に通う	豊臣秀吉の朝鮮出兵
1596	8	ラティマーの塾に入学	デカルト生まれる
1601	13	エウリピデズの『メディア』をラテン語に訳し、その非凡な才能を示す	
1602	14	オクスフォードのマリア-マグナレーダ-ホール（モードリン-コレッジ付属の学寮）に入る	オランダ、東インド会社設立
1637	49	大陸より帰国する。帰国後、哲学体系の構想に取りかかる	
1640	52	5月9日、最初の著書『法の原理』を書いた王党側から絶対王政を擁護する理論として歓迎される	短期議会 長期議会
1651	63	この夏、ロンドンで『リヴァイアサン』が出版。この出版によって、無神論者として異端視され、まもなく亡命。宮廷への出入りが禁止される。年末にひそかに帰国	航海法発布
1666	78	宗教界・大学・王党右翼によるホッブズ主義に対する非難強まる。そのため、チャールズ2世は、ホッブズに政治的・宗教的著作の出版を禁じた	ロンドン大火
1668	80	この頃、ピューリタン革命史研究として有名な『ビヒモス』が完成、出版されず（1679年に秘密出版）。しかし、外国では彼の名声はいよいよ高まり、アムステルダムで『リヴァイアサン』のラテン語版が出版	
1679	91	12月4日、ハードウィックで死去。91歳8か月だった	人身保護法制定

157

マキャヴェリ
イタリア、フィレンツェの外交官

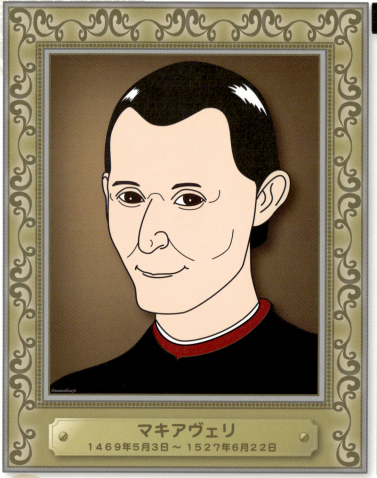

マキアヴェリ
1469年5月3日 〜 1527年6月22日

（マキャヴェリの言葉）
◆君主はたとえ愛されなくてもいいが、人から恨みを受けることがなく、しかも恐れられる存在でなければならない

　マキャベリは、イタリア・ルネサンス期の思想家で外交官です。彼の代表著作は『君主論』です。当時イタリアは、ナポリ、ミラノ、フィレンツェなどの都市ごとに国家が形成され、それぞれが勢力を競いあい、加えて、フランス、トルコ（オスマン朝）からの外圧もありました。内政では、党派対立や民衆との軋轢も絶えませんでした。
　フィレンツェ共和国の高官であったマキャベリは、裏切り、仕返し、処刑、復讐が渦巻く政治の渦中にあって、それらを積極的に受け入れる現実的な政治思想を主張しました。権力者が権力を握るためには卑劣な手段を使うことも致しかたない、道徳を政治に持ち込むな、とするものです。

エピソード

●なぞの人
マキアヴェリの生涯の最初の28年間については
ほとんどわかっていない。

●マキアヴェリズム
マキアヴェリが書いた『君主論』の中で述べた政治
思想。目的を達成するためには手段をえらばない
考えや方法を、マキアヴェリの名前から「マキア
ヴェリズム」という。
『君主論』のなかでマキャヴェリは「獅子の力と狐
の奸知」を持つべきだとも主張している。

> さらに詳しい内容については
> ▶ 清水書院 人と思想⑭
> 『マキアヴェリ』 西村貞二 著 を参照

名言集

- ●目的が手段を正当化する
- ●君主の庇護のもとで暮らすのに慣れた人民にとって、自分の自由を自分で守るのがどれほど困難なことか
- ●人間における美徳とみなされるあらゆるものを守ることなど、君主になしうることではないという点が理解される必要がある
- ●仮に運命が思いのままに人間活動の半分を裁定しえたとしても、少なくともあとの半分か半分近くは、運命が我々の支配に任せてくれていると見るのが本当だ（「君主論」より）
- ●頭にしかと入れておかねばならないのは、新しい秩序を打ち立てるということくらい、難しい事業はないということである
- ●君主たる者、けちだという評判を恐れてはならない
- ●君主にとっての敵は、内と外の双方にある。これらの敵から身を守るのは、準備怠りない防衛力と友好関係である

年　譜

西暦(年)	年齢(歳)	年　譜	参考事項
1469		5月3日、フィレンツェに生まれる	メディチ家、フィレンツェの支配者となる
1478	9		パッツィの陰謀失敗
1494	25		メディチ家の政権たおれ、共和政復活
1498	29	フィレンツェ共和国の第二書記局に採用される。以後、イタリア・フランス・ドイツ各地に使節として派遣される	サヴォナローラ焚刑
1499	30		フィレンツェ、ピサと開戦
1500	31	ピサ戦線を視察 『ピサ戦争論』刊行	
1504	35	『10年史』第一巻完成	
1506	37	マキアヴェリの案により国民軍創設がきまる	
1509	40	ピサ降伏、フィレンツェ軍とともにピサ入城。マキアヴェリの名声あがる 『10年史』第二巻完成	
1512	43	フィレンツェ共和国たおれ、マキアヴェリ解任される	フィレンツェ共和国たおれ、メディチ家復帰
1513	44	反メディチ家陰謀が発覚し、加担した疑いで投獄されるが、その後出獄 『君主論』『政略論』執筆、『君主論』をメディチ家に贈る	
1517	48	『政略論』完成	マルティン・ルター、宗教改革
1520	51	フィレンツェ政庁より『フィレンツェ史』執筆を依頼される	
1521	52	『戦術論』完成	ドイツとフランスが第一次イタリア戦争
1527	58	6月22日、死去	フィレンツェのメディチ家、ふたたび追放される

マザーテレサ
神の愛の宣教者

マザー・テレサ
1910年8月26日 ～ 1997年9月5日

（マザーテレサの言葉）
◆貧しい人は偉大です。また、とてもやさしい人たちです。貧しい人たちは愛において豊かである

　マザーテレサはインドを舞台に、最も貧しい人々のために献身したカトリックの修道女です。彼女は、貧しい人たちは、人生での物事の受け入れ方を知っているので偉大だと言います。貧しい人たちは不満を言ったり、呪ったり、悲しいことを言うことはありません、誰の悪口を言うこともない、と述べています。
　マザーによれば、貧困とは、日々のパンに飢えることであるとともに、それ以上に、愛されない、望まれない、無視されることであると主張しています。こうした人々に神の愛をもたらすべく、マザーテレサはその生涯の大半を献身的な奉仕に捧げました。
　1997年マザーはインドで87歳の生涯を終え、葬儀はインドの国葬となりました。

エピソード

●苦手なもの
ロウソクに火をつけるのが苦手。どうしてもうまくつけられず、これを見たシスターたちは不思議に思っていた。

●宝くじ
ローマ教皇がインドを訪れた際に使用した高級車を、ローマに帰るときマザーテレサにプレゼントした。彼女は「私にはこんな高級車はいりません。これで宝くじをしましょう。3000円以上の寄付をしてくれた人に宝くじをあげて、1等賞の人にこの車をあげるのです」と。宝くじは飛ぶように売り切れ約1500万円が集まった。そのお金でハンセン病患者のための「平和の村」を作った。

名言集

●わたしには食べるものがありますが、飢えている人がいることを忘れてはなりません

●わたしたちに看取られて死んでいった人たちは、まさに心安らかでした。そのことは人間の生命にとって大きな進歩だと、わたしには思えるのです。安らかに、誇りをもって死んでいく。それは永遠に変わらない真実でなければならないのです

●わたしは取るに足らないものです。わたしは道具にすぎません。神の手の平のなかにある小さな鉛筆のようなものです。わたしのような弱くて不完全な道具を使うことで、神はその偉大な力をお示しなっておられます

●わたしたちに必要なことは、成功でなく信仰です

年譜

西暦(年)	年齢(歳)	年　譜	参考事項
1910		8月26日旧ユーゴスラヴィア、現マケドニアのスコピエで誕生。翌日、洗礼を受けてアグネス・ゴンジャと名付けられる	韓国併合
		教会の若者たちの音楽会・読書会・黙想会に積極的に加わる	
1928	18	インドへ宣教者を送っているロレット修道会に志願者として入会。インドに派遣される	
1931	21	ロレット修道会修道女として初誓願をたてる。修道名はシスターテレサ	満州事変
1937	27	ロレット修道会において終生誓願をたてる	日中戦争
1949	39	帰化して、インド国籍を得る	北大西洋条約機構
1950	40	「貧しい人びとの中でも最も貧しい人たち」に仕える修道会「神の愛の宣教者会」がローマ教皇庁に承認される。会の総長としてマザーテレサとよばれる	朝鮮戦争
1954	44	「マザーテレサ協労者国際協会」を設立する	
1955	45	見捨てられた子供たちのために「子供たちの家」(シシュ-バヴァン)を開く	アジア・アフリカ(バンドン)会議
1962	52	インド大統領よりパドマ-シレー賞受賞(最初の受賞)フィリピン大統領よりマグサイサイ賞受賞	キューバ危機
1965	55	「神の愛の宣教修道女会」が教皇認可の修道会となる	アメリカ軍の北ヴェトナム爆撃開始
1971	61	ローマでパウロ6世よりヨハネ23世平和賞を受賞(神の愛のオスカーを受けた最初の女性)	中国の国連代表権承認
1978	68	東京に修道士のセンター開設	
1979	69	ノーベル平和賞を受賞	イラン革命
1993	83	神の愛の宣教者会の修道院は105か国504を数え、修道女は4000人をこえる	
1997	87	9月5日死去。13日にインドの国葬が行われる	

さらに詳しい内容については
▶ 清水書院　人と思想㊹　『マザーテレサ』　和田町子 著　を参照

マックス・ウェーバー

ドイツの社会科学者

マックス・ウェーバー
1864年4月21日 ～ 1920年6月14日

◆（マックス・ウェーバーの言葉）
プロテスタンティズムの天職倫理が禁欲生活のまさしくもっとも真面目な信奉者たちを、結果において、資本主義的営利生活に奉仕させることになった

　マックス・ウェーバーは19世紀末から20世紀初めに活躍したドイツの社会科学者です。彼の最も重要な業績は、資本主義はプロテスタントの天職倫理に起源があるという主張です。ウェーバーによれば、プロテスタントはカルヴァンの教えに従い、禁欲的精神（私欲の抑制）にもとづいて、自分の職業は神から与えられた天職であるとして、職業に励みます。それは地上に神の栄光を広める動機からですが、結果として、富を増やすことになるのです。しかし、時代が進むにつれて、禁欲的精神が衰え、富の獲得を目的に職業に励むように変わっていきます。こうしてプロテスタントの地域から、金儲けを目的とする資本主義が生まれる、というのです。

エピソード

●少年時代
2歳の時に脳膜炎にかかり、きゃしゃな体つきに不釣り合いな大きな顔をしていた。少年時代はマキャベリの『君主論』をはじめ、スピノザ、ショーペンハウアー、カントなどの哲学書を中心に、読書に多くの時間を費やした。

●若くして亡くなる
1919年、ミュンヘン大学で「職業としての政治」を講演。翌年、ミュンヘンでスペインかぜに因る肺炎のため56歳の若さで死去した。

key word　ウェーバーとマルクス

　資本主義はプロテスタントの天職倫理から誕生したというウェーバーの主張はマルクスへの対抗を意識したものである。マルクスは経済が哲学、宗教、芸術、法律と言った文化を決定すると主張したのに対して、ウェーバーは、宗教や人間の精神が経済を決定すると主張しているからである。

名言集

● 人間としての自覚があるものにとって、情熱なしになしうる全ては、無価値である

● 最初の教育者は空腹である

● 政治の本質は権力である。政治、すなわち手段としての権力と強制力に関係する人間は、悪魔の力と契約を結ぶものである

● 自己を滅しておのれの課題に専心する人こそ、その仕事の価値の増大とともにその名を高める結果を得る

● 暴力を用いて地上に絶対的正義を樹立しようとする者は、手下という人間的「装置」を必要とする

● 金銭は君主の中の君主である

● 生きることは病であり、眠りは緩和剤、死は根治療法である

さらに詳しい内容については
▶ 清水書院　人と思想⑦
　『マックス＝ヴェーバー』
　住谷・小林・山田 共著　を参照

年　譜

西暦(年)	年齢(歳)	年　譜	参考事項
1864		4月21日、父マックス・母ヘレーネの長子としてエアフルトに生まれる	普・墺対デンマーク戦争 ロンドンで第1インターナショナル創立
1872	8	カイゼリン-アウグスタ-ギムナジウムに入学	
1889	25	「中世商事会社の歴史」でベルリン大学より博士号を所得	ヒトラー生まれる
1893	29	マリアンネと結婚	農業同社同盟結成
1894	30	フライブルク大学の経済学教授に就任し、秋に同地に移住して開講	日清戦争（〜95） ドレフュス事件
1896	32	ハイデルベルク大学に招聘される（翌年に就任）	
1903	39	教職を退き、名誉教授となる	
1905	41	『プロテスタンティズムの倫理と資本主義の精神』公表	
1910	46	ドイツ社会学会を設立	
1914	50	第一次世界大戦後、志願してハイデルベルク予備陸軍病院委員会の任務に着く	第一次世界大戦
1915	51	軍務を退き、宗教社会学の研究を再開。政治評論活動を活発に展開	アインシュタイン、一般相対性理論を発表 スイスで反戦社会主義者国際会議が開催
1917	53	3月、戦争目的に関わる議論が禁止され、以後国内政治への批判的評論に筆鋒が向かう	2月、ドイツ、無制限潜水艦作戦を開始 ロシア革命（2月革命・10月革命）
1918	54	ウィーン大学で客員教授として「唯物史観の積極的批判」を講演 6月、将校団に「社会主義」の講演を行う。敗戦に際して皇帝の退位を主張。ドイツ民主党に参加	1月、米大統領ウィルソン、14か条を発表 11月、ドイツ革命起こり、皇帝は亡命
1920	56	6月14日、死去 『宗教社会学論集』第1巻出版、妻マリアンネに捧げられた	国際連盟成立

マルクス

ドイツの哲学者・経済学者で共産主義者

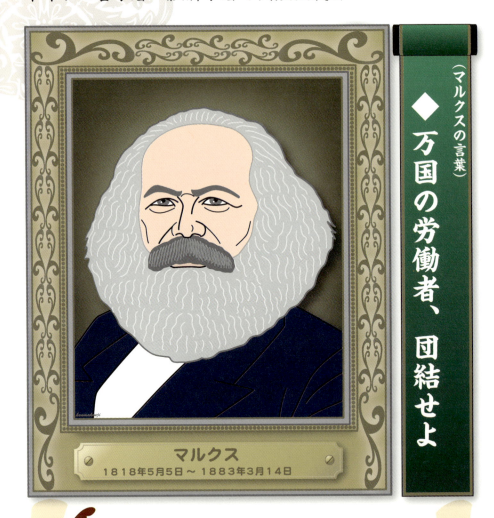

マルクス
1818年5月5日 ～ 1883年3月14日

（マルクスの言葉）
◆万国の労働者、団結せよ

　マルクスは、社会主義・共産主義思想を樹立した19世紀の哲学者・経済学者です。18世紀終盤よりイギリスを筆頭に欧米諸国が資本主義経済に突入していくにつれて、労働者の低賃金、長時間労働が深刻化しました。マルクスは労働者の悲惨な生活を目の当たりにして、資本主義経済の根本的問題は何かを追究し、資本家が生産手段を所有する点に問題があると分析しました。
　資本家を亡くして、生産手段を労働者の手に渡せば、貧困も格差もなくなります。これを実現する社会が共産主義社会なのです。共産主義の実現のため、万国の労働者は団結して、資本家と戦い、彼らから生産手段を取り上げねばならないと訴えました。

エピソード

●ボン大学時代
成績は優秀だったものの、仲間と大酒を飲んで騒いだり、拳銃を不法所持して起訴された経験も。

●悪筆
ロンドン在住時代、資本家に仕えることになる企業への就職は、自らの信条に反するとして避けていたが、ロンドン鉄道事務所の出札係に応募したことがあった。残念ながら、そのいかつい風貌と妻と親友のエンゲルスくらいにしか解読できないといわれたほどの悪筆で不採用に。

●身体
小柄で肥満体形。生活が不規則で栄養不足なことが多く、ロンドンで暮らすようになった頃から肝臓病や脳病、神経病など様々な病気になる。また、新陳代謝機能に障害があり、食欲不振に。食欲不振を打ち払うために塩辛い物をよく口にしたという。酒好きでヘビースモーカーだった。

名言集

●これまで存在していたあらゆる社会の歴史は、階級闘争の歴史だ

●各人はその能力に応じて、各人にはその必要に応じて

●各世代の支配的理念は、つねにその支配階級の理念だ

●人民の偽りの幸福である宗教の撤廃こそが、真の幸福にとって必要なことだ

●人間は、鏡をもって生まれてくるのではなく、また、われはわれなりというフィヒテ的哲学者として生まれてくるのでもないから、人間はまず、他の人間という鏡に自分を映してみる

> さらに詳しい内容については
> ▶ 清水書院 人と思想⑳
> 『マルクス』 小牧 治 著 を参照

年 譜

西暦(年)	年齢(歳)	年 譜	参考事項
1818		5月5日、ドイツのトリアーで生まれる	ナポレオン没落、ウィーン条約
1830	12	ギムナジウム入学	フランス7月革命
1835	17	ボン大学に入学（法学部）	
1836	18	イェニーと婚約 ベルリン大学に入学（法学部）	パリで「正義者同盟」が成立
1837	19	「ドクトル・クラブ」に入会	イギリスのヴィクトリア女王即位（〜1902）
1841	23	ベルリン大学卒業 学位論文完成、イェーナ大学より博士号をうける	
1846	28	ブリュッセルに共産主義通信委員会を設立する	イギリス穀物法の廃止
1848	30	『共産党宣言』を発表 ブリュッセルを追放されてパリへ ケルンに移り、『新ライン新聞』を発行する	フランス2月革命 ドイツ・オーストリア3月革命 チャーチスト運動（第3回）
1850	32	『新ライン新聞、政治経済評論』を発行する 共産主義者同盟分裂	太平天国の乱（〜1864）
1852	34	『ブリューメル18日』が、ニューヨーク「レヴォルツィオン」にのる 共産主義者同盟、解散を声明	ナポレオン3世即位（〜1870）
1864	46	第一インターナショナル（国際労働者協会）がロンドンで創設され、マルクスは委員に選ばれ、創立宣言と規約を書く	ラッサール死去
1872	54	マルクス、エンゲルスとともにインター第5回大会（ハーグ）に出席。バクーニン派の除名、総務委員会のニューヨーク移転を決める	
1876	58	第一インター、ファラデルフィア大会で正式に解散	バクーニン死去
1883	65	死去、ハイゲートの妻の側に葬られる	

マルクス・アウレリウス
ローマ皇帝にしてストア哲学者

マルクス・アウレリウス
121年4月26日 ～ 180年3月17日

（マルクス・アウレリウスの言葉）
◆ みな命短く儚(はかな)し

　ローマ帝国の皇帝であるマルクス・アウレリウスは、戦地での戦いを指揮する合間に人生や世界に関して様々な思いをつづりました。それが『自省録』です。
　そこを貫いている思想の一つがこの世で生きることの無常、むなしさなのです。
　人生は短く、はかない。死んでしまえば、灰かミイラになるだけであり、名声もやがてかすんでいく。アレキサンドロス大王も彼のラバの世話係もともに死んだ後は同じものになるだけだ。マルクス・アウレリウスはこのように語るのです。
　人生ははかないものです。しかし、だからといって快楽におぼれ、他人を害する人生を送ってはならない、マルクス・アウレリウスはこのことを諭してもいます。

エピソード

●哲人皇帝
五賢帝時代の最後のローマ皇帝。ストア派の哲学者としても有名。運動神経が抜群で、球技が上手く、絵を描くことも得意だったが、それよりも子供の頃から哲学が大好きで、これにひと際、没頭、「哲人皇帝」と呼ばれた。

●質素で勤勉
当時の貴族階級の常として、家庭教師による教育を受け、特にディオゲネトゥス教師から影響を受ける。哲学的な生活様式を学び、ディオゲネトゥスと同じ哲学者風の衣服で過ごし始める。また、母親から注意されるまでベッドではなく地面で寝ていたという。皇帝という立場でありながらも、自戒の念を持ち、質素な生活に心がけ、常に哲学することを片時も忘れなかった。

名言集

● 幸福は、その人が真の仕事をするところにある
● 人生は闘争にして、仮の宿なり
● 罪を犯す者は、己自身に対して犯すなり。不正の人は、自ら己を悪者にする意味において、己の不正の犠牲者なり
● 最も完全な復讐は、侵略者の真似をせざることなり
● 忍耐は正義の一種なり
● いかなる自然も芸術に劣らず。芸術の仕事は、すべて自然の物事を真似ることなり
● われわれの人生とは、われわれの思考が作りあげるものに他ならない
● それは不運ではない。むしろ、それに気高く耐えることが幸運である
● エメラルドは、人に褒められなくても、その価値を失わない

年譜

西暦(年)	年齢(歳)	年譜	参考事項
121		4月26日、ローマで生まれる	
138	17	アントニウスの養子になる（ルキウス・ウェルスとともに）	皇帝ハドリアヌス死亡 アントニウス・ピウスが即位
147	26	アントニヌス・ピウス帝の在位中から政治に参加 アントニウスの娘ファウスティナと結婚 アントニウス・ピウス帝を支える	アントニウス・ピウス帝死亡
161	40	ローマ皇帝としてルキウス・ウエルスと共同統治（五賢帝の最後、〜 180）	
162	41	東方のパルティアと衝突	
165	44		ペスト流行
166	45	ゲルマン族が侵入	
169	48	共同統治終了。一人で皇帝となる	ルキウス・ウエルス死去
175	54	シリア総督カシウスの反乱	
176	55	ローマに凱旋、貧しい女子のための養育施設を作る	
177	56	実子コンモドゥスと共同統治	
		『自省録』を著す	
178	57	ゲルマン民族の襲撃	
180	59	遠征中、ウィーンで死去	コンモドゥス帝（〜 192）

実力クイズ

問題　次の4人のうち、万有引力の法則を発見した人物は？

(答えは p.208)

A・コペルニクス　B・ガリレオ　C・ニュートン　D・ライプニッツ

宮沢賢治
近代の詩人・童話作家

宮沢賢治
1896年8月27日 ～ 1933年9月21日

（宮沢賢治の言葉）
◆ 僕はもうあのさそりのようにほんとうにみんなの幸のためならば僕のからだなんか百ぺん灼いてもかまわない

　宮沢賢治の代表作『銀河鉄道の夜』のなかで、ジョバンニはカンパネルラとともに、銀河鉄道に乗り、幻想的で不思議な出来事を次々に経験します。そのなかの1つ、「さそりの火」の体験では、さそりはいたちに食べられそうになり、逃げるうちに井戸に落ちて、溺れ死のうとします。そのときこの次に生きるときは自分のからだをみんなの幸せのために使ってほしいと神に頼むのです。すると、さそりのからだが真っ赤に燃えて夜の闇を照らし出しました。ジョバンニは自分もさそりのようにみんなの幸せを実現するために自分の身を捧げる決意をするのです。
　このさそりの話は自分を犠牲にしてまでも人々の救済を願う菩薩の理念と重なります。賢治の思想の根底には仏教思想があるのです。

エピソード

●金持ちのボンボン
宮沢賢治といえば勤勉で苦労人というイメージだが、岩手県花巻町でも指折りの資産家に生まれた典型的な金持ちのボンボン。ウェイトレスにはチップを弾んだばかりか、気の毒な身の上話を聞くと有り金をはたいてしまうことも。

●水を飲み干す
尋常小学校時代、罰として水を満杯にした湯呑を持って立たされていた生徒を見かねて、辛かろうと言って、その場で水を飲み干してしまったという。

●レコードの収集家
音楽が好きでレコードの収集家でもあった。通っていた楽器店の売り上げがあまりにも良いので、レコード会社のポリドール社が、その店に感謝状を出したという伝説も。

●グルメ
当時はまだ珍しかった西洋料理を存分に堪能、レストランに友人を招待することもあった。西洋料理店を舞台にした童話「注文の多い料理店」は宮澤賢治のグルメぶりが生かされた作品。

●ベジタリアン
ベジタリアンとしても有名。だが、実際は肉を食べたりもしていたらしい。教師時代に好きだった食べ物は「えび天そば」。

key word　銀河鉄道の夜
死後に刊行された。第四版が完成版とされるが、第一版とはテーマが変更されているといわれている。

年　譜

西暦(年)	年齢(歳)	年　譜	参考事項
1896		8月27日、現在の岩手県花巻市に宮沢政次郎の長男として誕生。実家は質屋及び古着屋	
1906	13	岩手県立盛岡中学校に入学し、寄宿舎に入る。植物鉱物の採集に熱中する。この頃より短歌創作を始める	
1914	18		第一次世界大戦おこる
1918	22	盛岡高等農林学校本科を卒業。地質土壌肥料研究のため研究科入学。岩手県稗貫郡より郡内土性調査を嘱託される。この頃より童話創作を始める	
1920	24	研究科修業。日蓮宗系の国柱会に入会し、布教に熱中する	国際連盟の成立
1921	25	上京し、国柱会を訪問する。筆耕・校正等で生計を立てながら布教活動に専念する 12月、岩手県立花巻農学校教諭となる	
1924	28	『春と修羅』第1集を1000部自費出版する。童話集『注文の多い料理店』を出版	
1925	29	上京して高村光太郎を訪問、草野心平とも文通始める	
1926	30	3月、花巻農学校を依願退職。8月、羅須地人協会を設立する。農村に肥料設計事務所を設け、農村を巡回して稲作・肥料の指導講習を行う	
1928	32	肥料設計・詩作を継続するが、しだいに身体衰弱 8月、肋膜炎となる	
1931	35	3月、病気が一時快方に向かう。4月、東北砕石工場技師となり、石灰肥料の宣伝販売につとめる。9月、仕事で上京の折、病に倒れ帰郷、病床生活に入る。11月、手帳に「雨ニモマケズ」執筆	満州事変おこる
1932	36	童話「グスコーブドリの伝記」を発表	五・一五事件
1933	37	9月21日、急性肺炎で死去。国訳妙法蓮華経の印刷物を友人に配ることを遺言とする	日本、国際連盟を脱退

J.S. ミル
イギリスの功利主義哲学者

ミル
1806年5月20日 ～ 1873年5月7日

◆〈J.S.ミルの言葉〉
満足した豚であるより、不満足な人間であるほうがよく、満足した馬鹿であるより不満足なソクラテスであるほうがよい

　J.S.ミルはベンサム（→ p.150）と並ぶ、功利主義の代表的思想家です。幸福とは快楽の達成であり、不幸は快楽を失い苦痛をもたらすことだと考えます。ただし、ミルによれば、幸福や快楽には高級なものと低級なものという質の面で違いがあるのです。従って、人間は豚のような快楽＝幸福を追求することに甘んじるのではなく、ソクラテス的生き方が実現する快楽＝幸福を求めるべきであると主張しています。
　ミルは、また、行為の善し悪しは行為の結果に基づいて判断されるべきだとしています。彼の自由論では、人は他人に危害を与えたり、他人の利益を損なうことがない限り、その行為を行ってもいい自由があると主張します（他者危害の原理）。

エピソード

●厳しい教育
学校へは行かず、厳格な父親によって教育された。小さい頃から年中厳しい勉強をさせられたため、21歳のときに心を病んで、うつ状態になり、何の意欲も感じられなくなった。

●結婚まで
ハリエットという女性と出会い、親密な交友を続けたが、人妻であったために家族、友人から孤立した。ハリエットが夫と別居後、毎週末彼女を訪問するようになり、結局20年にわたる親交を経て結婚するが、数年後に彼女は急死してしまい、短い結婚生活だった。

名言集

●自分自身の身体と精神にたいしてはだれもが支配者だ
●信念をもったひとりの人間は、自分の利害にしか関心を示さない99人の人間と同等の社会的力をもつ
●人間の運命の大きな改善は、彼らの考え方の根本的な構成に大きな変化が生じない限り、絶対に不可能である
●幸福を得る唯一の方法は、幸福を人生の目的とせず、幸福以外の何か目的物を人生の目的とすることである

> さらに詳しい内容については
> ▶ 清水書院　人と思想⑱
> 　『J.S.ミル』 菊川忠夫 著　を参照

年譜

西暦(年)	年齢(歳)	年譜	参考事項
1806		5月20日、ジェームズ・ミルの長男としてロンドンに生まれる	大陸封鎖令
		幼少時より英才教育を受ける	
1813	7	ベンサムの隣家に引越す	
1821	15	ベンサムの『道徳および立法の諸原理序説』を読み、ベンサム主義者に	
1822	17	功利主義協会を設立	
1823	18	東インド会社に入社	
1826	21	精神的危機に陥る	
1830	24	ハリエット・テイラー夫人と交際、21年後に結婚	フランス、七月革命
1836	30	健康を害し、静養	
1838	32	『ベンサム論』で従来の功利主義を批判	チャーチスト運動
1843	37	『論理学体系』刊行	
1848	42	『経済学原理』刊行	フランス、二月革命
1859	53	『自由論』刊行	
1861	55	『代議政治論』刊行。アメリカ南北戦争に際し、北軍側を弁護	アメリカ、南北戦争
1863	57	『功利主義』	
1865	59	下院議員に当選	
1873	65	5月7日フランスで死去	

●イギリス経験論・合理論・功利主義の人々

ホッブズ
(16世紀)

ベーコン
(16世紀)

ロック
(17世紀)

ベンサム
(18世紀)

アダム・スミス
(18世紀)

171

孟子
もう　し

戦国時代の儒学者

孟子
紀元前380年？～紀元前300年？

◆〈孟子の言葉〉

惻み隠む心なきは、人にはあらざるなり。
あわれ　いた

羞じ悪む心なきは、人にはあらざるなり。
は　にく

辞り譲る心なきは、人にはあらざるなり。
こと　ゆず

是非の心なきは、人にはあらざるなり。
より　あし

　孟子は中国・戦国時代の人であり、孔子（→p.56）と並ぶ儒学者です。
　孟子は、性善説（人間の本性は善であるという思想）を主張しました。人間誰もが、人のことをあわれみいたむ心（惻隠の心）を持ち、自分のしたことを恥じたり、不正を憎む心（羞悪の心）を持ち、人に一歩譲ろうとする心（辞譲の心）を持ち、物事の是非を理解する心（是非の心）を持っています。そして、惻隠の心は礼の始まり、羞悪の心は義の始まり、辞譲の心は礼の始まり、是非の心は智の始まりです。このように人は誰でも仁義礼智の始まりたる四端を備えているのですから、その本質は善なのです。このように、孟子の性善説は力強く、明快に主張されているのです。

エピソード

●孟子の母
最初は墓地の近くに住んでいたが、孟子が葬式の真似事を始めたので母は家を移した。移った所は市場の近くで、孟子が商人の真似事を始めたので再び家を移した。次に移った所は学問所の近くで、孟子が学問を志すようになったので母はやっと安心したという。この話は「孟母三遷」として知られている。

●性善説
魯の国に生まれ、孔子の教えである儒学を受けついだ。すべての人間は生まれながらにして善い性質をもっているという性善説を説き、自分の考えを政治に生かそうとして各国を説いて回ったが、受けいれられなかった。

名言集

- ●天の時は地の利に如かず。地の利は人の和に如かず
- ●去る者は追わず、来る者は拒まず
- ●自ら反みて縮くんば、千万人と雖も吾往かん
- ●子供心を失っていない者は、偉大である
- ●為さざるなり、能わざるに非ざるなり
- ●人の本性は善なり
- ●いかなる戦争にも正義はない
- ●悉く書を信ずれば則ち書無きに如かず
- ●人間は誰でも、他人の不幸を見過ごせない同情心がある

> さらに詳しい内容については
> ▶ 清水書院　人と思想㊲
> 　『孟子』 加賀栄治 著　を参照

年　譜

西暦(年)	年齢(歳)	年　譜	参考事項
紀元前380	?	孟子、この前後に生まれる	
320	?	孟子、梁の恵王に説く	
318	?	梁の襄王と会見し、主君らしからぬとして梁を去り、斉に行き、宣王に説く	
314	?	斉の宣王と、燕をうつ策について、意見が合わず	斉、燕を伐って勝つ
312	?	斉を去り、宋に行く。宋牼と宋で会う	燕、斉にそむき、諸侯、燕を救う
311	?	滕の定公の世子（文公）、楚に行く途中、宋で孟子に会う	
308	?	鄒に帰り、鄒の穆公に見ゆ	
307	?	滕の定公薨じ、文公即位し、然友を遣わして喪事を問う 孟子、滕に行く	
305	?	魯の平公、孟子を召して会おうとするが、妨げられ果たせず	（魯の平公、316 ～ 295）
300	?	孟子、この前後に死去	

key word　易姓革命

　儒学とは政治哲学でもある。この点でも孟子の主張は明快で、王は軍事力や強制力による統治（覇道）ではなく、仁義礼智のような道徳にもとづいた統治（王道）を行うべきであると主張した。しかも、徳を欠いた王はその資格を失っているとして、追放されても致し方ないとも言う。この考えは易姓革命と呼ばれている。

　江戸時代には儒学が官学とされ、支配者の道徳になったわけであるが、この易姓革命は都合の悪い話である。『孟子』を積んだ船が日本へ来るときには転覆するという伝説が生まれたのは易姓革命の教えによるものとも言われている。

毛沢東
もう たく とう
中華人民共和国建国の父

（毛沢東の言葉）
◆ "収"えてはならず、"放"すべきだ

　現在の中国は1949年社会主義国家として誕生しました。その建国の最大の功労者が毛沢東です。彼は、国家の指導方法には「放」と「収」の二通りがあるといいます。
　「放」とは人々が大胆に言いたいことを言い、互いに批判し、大いに論争することで、「収」とは違った意見を言うことを許さず、誤った意見を封じることを言います。
　毛沢東は「放」の方針を採ると明言し、百花斉放、百家争鳴（様々な花が一斉に咲くように、様々な意見が論じられること）を善しとしたのです。しかし、これはあくまでも社会主義思想の枠内のことです。彼は結局1966年に文化大革命という「収」の政策を行ったのです。

エピソード

●不潔
風呂に入らず、風呂代わりに内妻が濡れたタオルで彼の体を拭いていた。また、生涯一度も歯磨きをしなかった。医師が歯ブラシを渡すと「虎だって歯磨きをしない」と言って拒否をしたという。その結果、歯周病により梅毒に感染したが、歯科治療を嫌がって投薬で症状を抑えていた。

●読書好き
大の読書好きで、中南海の邸宅には約70万冊の本が収集されていた。お気に入りの本は寝室に置かれていた。歴史書を好み、特に中国史（歴代王朝二十四史や三国志）を愛読していた。

●食
脂っこい味付けの料理が好みで、ロシア訪問時も料理人を連れて行き、現地の料理には一切眼をくれないほどだった。

名言集

- ●ロシアの歴史がロシアの制度を形成した。それが自然かつ合理的であったからだ。中国の歴史がまさに中国を形成しようとしている。それがわれわれにとって自然かつ合理的であるからだ
- ●敵が進めば、我は退く。敵が止まれば、我は攪乱する。敵が疲れたら我は打ち、敵が退けば我は追う
- ●批判は事が行われているときにすべきである。いつでも事が済んでから批判する癖をつけてはいけない
- ●私の戦略は、一をもって十に対抗することである。私の戦術は、一の敵に対して十をもって撃破することである
- ●政治は血を流さない戦争であり、戦争は血を流す政治である

> さらに詳しい内容については
> ▶ 清水書院　人と思想㉝
> 　『毛沢東』 宇野重昭 著　を参照

年　譜

西暦(年)	年齢(歳)	年　譜	参考事項
1893		12月26日、湖南省で生まれる	
1894	1		日清戦争
1911	18		辛亥革命
1921	28	中国共産党創立に参加	
1924	31	第一次国共合作により、国民党に入党	
1931	38	第1回中華ソビエト大会で中華ソビエト共和国臨時政府（瑞金）主席に就任	満州事変
1934	41	蒋介石の包囲網を突破、「長征」開始	
1937	44	「実践論」、「矛盾論」講義	盧溝橋事件
1940	47	「新民主主義論」を発表	
1945	52	中国共産党七全大会で「毛沢東思想」を提起	
1947	54	国共内戦を全面的に展開	
1949	56	中華人民共和国成立、国家主席に就任	
1956	63	「百家斉放百花争鳴」運動	
1958	64	「大躍進政策」始まる。国家主席を劉少奇にゆずる	
1962	68		中ソ国境紛争
1966	72	プロレタリア文化大革命	
1969	75	中国共産党九全大会で林彪を後継者に指名	
1971	78	林彪、毛沢東暗殺計画に失敗。脱出の途中モンゴルで墜落死	中華人民共和国、国際連合に加盟
1972	79		日中国交正常化
1973	80	中国共産党十全大会、毛沢東主席を再選	
1976	82	9月9日、北京で死去	第一次天安門事件、鄧小平解任　周恩来死去

本居宣長
もとおりのりなが
江戸時代の国学の大成者

本居宣長
1730年6月21日 ～ 1801年11月5日

◆〈本居宣長の言葉〉
うまき物くはまほしく、よききぬきまほしく、よき家にすままほしく、たからえまほしく、人にたふとまれまほしく、いのちながからまほしくするは、みな人の真心（まごころ）也（なり）

　本居宣長は江戸時代の思想家で、国学の大成者です。宣長によれば、日本は、太古、天照（アマテラス）大御神の国として、天下は無事に治まっており、人々は穏やかに暮らしていました。しかし、中国から儒教や仏教が伝わり、賢（さか）しらな知恵が賞賛されるようなると、以前のおおらかで率直な日本人の心が失われてしまったとしています。宣長にとって、儒教とは仁義礼智を声高に押しつけるなど人の素直な心情に反する教えですし、仏教も、自然な人間の感情を否定する誤りの道を説いていると主張します。
　宣長は儒教、仏教の影響を排除した、よき人間のあり方を、真心の一語をもって説いています。真心とは上の文のように、おいしい物を食べたらおいしいと感じ、いい服を着れば心地良い気持ちになるなど、飾らない、素直な心情を指すのです。

エピソード

●嗜好
若い頃は酒を好み母に叱られた。その後甘い物が好きになった。

●趣味
和歌を詠むこと。旅行。花見。桜育成。読書。仲間と集まること。乗馬。絵などなど。鈴コレクターで、自宅に「鈴屋」という屋号もつけている。

●読書好き
木綿商の家の出で、19歳の時に紙商の家に養子に出されたが2年で離縁された。理由は読書ばかりしていて家業に身を入れなかったためとされている。

名言集

●人の情の感ずること、恋にまさるはなし

●とてもかくても、つとめだにすればできるものと心得べし

●かぎりを行うのが人の道にして、そのことの成ると成らざるとは人の力におよばざるところぞ

●人の行うべきかぎりを行うが人の道にして、このことの成ると成らざるとは人の力の及ばざるところぞ

> さらに詳しい内容については
> ▶ 清水書院　人と思想㊼
> 『本居宣長』 本山幸彦 著　を参照

年　譜

(年齢は数え年)

西暦(年)	年齢(歳)	年　譜	参考事項
1730	1	5月7日（旧暦）伊勢国松阪に、小津定利の二男として生まれる。幼名を富之助と称す	
1736	7		荷田春満死去
1748	19	山田の今井田家の養子となる	
1749	20	栄貞の読みをナガサダと改める	
1750	21	今井田を離縁して松阪に帰る	
1752	23	本居と改姓	
1753	24	9月、健蔵と改め、11月、号を芝蘭とする	
1755	26	宣長と改名。号を春庵と称する	安藤昌益『自然直営道』
1757	28	松阪に帰り、医学を開業す	
1760	31	村田彦太郎の娘みかと結婚するが離婚	賀茂真淵『万葉考』
1762	33	草深玄弘の娘たみ（かつ）と結婚	
1764	35	『古事記伝』を起稿する	
1769	40		賀茂真淵没す
1773	44	自画像をかき、「めづらしきこまもろこしの花よりもあかね色香は桜なりけり」の和歌を賛する	
1776	47		平田篤胤誕生
1786	57	『玉くしげ』『玉鉾百首』	老中田沼意次失脚
1787	58	『秘本玉くしげ』をかき、紀州藩主徳川治貞に提出	松平定信老中就任
1790	61	自画像をかき「敷島の大和心を人間はば朝日に匂ふ山茶花」の歌を賛する	寛政異学の禁
1792	63	紀州藩に仕え、5人扶持をうける	
1793	64	『玉勝間』執筆始める	
1796	67	『源氏物語玉の小櫛』	
1797	68	『玉勝間』全巻刊行	
1798	69	『古事記伝』完成する『宇比山踏』『鈴屋集』	
1801	72	紀州藩より奥詰を命じられる9月18日発病し、29日（旧暦）死去	

177

ヤスパース

ドイツの実存哲学者

◆(ヤスパースの言葉)
限界状況を経験することと
実存することは一つのことである

ヤスパース
1883年2月23日～1969年2月26日

　ヤスパースは20世紀に大きな影響力をもった実存哲学の代表的思想家です。
　彼の哲学のキーワードは「限界状況」です。これは「闘争や悩みなくしては生きえないこと、不可避的に負目を引き受けること、死なねばならないこと」です。人は普通、限界状況を意識せず、努めてこれから逃避しようとします。しかし、ヤスパースはこれを回避せず、自ら引受け、自覚すべきであると主張します。この引受け、自覚を通じて、人は実存するのだというのです。実存とはヤスパースにとって、今あるあり方を意味するものではなく、自分の本来的なあり方、自分の根源を意味する言葉です。それは限界状況のただ中で、限界状況を経験することで実現されるのです。

エピソード

●幼少期
父は銀行家で、恵まれた環境で育ったが、幼少の頃から気管支拡張症という慢性的な病気を罹っていた。16歳の時学校でいじめにあい、父親は広い狩猟場を借りきって自然の中で生活できるようにはからった。ヤスパースは自然の生活は満足したが、狩猟には興味が持てず、それ以後、狩猟に連れて行くことはなかった。

●大学教授
法律学・医学を学び、1922年、哲学教授に。妻がユダヤ人であったため、ヒトラー内閣成立以後、大学を追われた。終戦後に復職。1948年にバーゼル大学教授となる。

名言集

- ●ひとりであるかぎりでのみ、人は哲学者になりうる
- ●哲学の本質は、真理を所有することではない。むしろ真理を探究することである
- ●平和は自分の足もとからはじまる
- ●生きることを学ぶことと、死ぬことを学ぶことは一つである
- ●すべての信仰にある特徴は、不信仰をしりぞける点である
- ●意味のある日、無駄な日があるのではない。この一日、またこの一日、毎日毎日が高価なのである

さらに詳しい内容については
▶ 清水書院　人と思想㊱
『ヤスパース』　宇都宮芳明 著　を参照

年　譜

西暦(年)	年齢(歳)	年　譜	参考事項
1883		2月23日、ドイツ北西部オルデンブルクで生まれる	マルクス死去
1901	18	ギムナジウム卒業後、ハイデルベルクとミュンヘンの大学で法学を学ぶ	
1902	19	法学から医学部への転部を決意	
1906	23	1948年まで42年間、ハイデルベルクに居をおく	
1909	26	医学の学位をとる。マックス・ウェーバーと知り合う	
1913	30	『精神病理学総論』出版。初めてキルケゴールを読む	
1919	36	『世界観の心理学』	ワイマル共和国誕生
1920	37	マックス・ウェーバーの追悼演説	マックス・ウェーバー死去
1922	39	哲学科員外教授を経て教授として講義を始める	ソビエト社会主義共和国連邦成立
1931	48	『現代の精神的状況』および『哲学』全三巻を出版	
1933	50	ナチスにより大学運営への参加から締め出される	ナチス第一党になり、ヒトラー首相となる
1935	52	『理性と実存』刊行	
1937	54	ユダヤ人妻との離婚拒否でナチスにより教授職から追放される	
1938	55	第二次世界大戦終了まで沈黙を強いられる	ドイツ、オーストリアを併合
1945	62	復職して大学再興にあたる	ドイツ、日本が降伏
1947	64	スイスのバーゼル大学で「哲学的信仰」を講義。ゲーテ賞受賞	
1948	65	ハイデルベルクを離れ、スイスのバーゼル大学教授に	ベルリン封鎖
1949	66	『歴史の起源と目標』	東西ドイツが成立
1950	67	『哲学入門』	
1957	74	『偉大な哲学者たち』第一巻	
1958	75	ドイツ出版平和賞を受賞	
1959	76	エラスムス賞受賞	
1961	78	バーゼル大学退職	ベルリン危機
1969	86	2月26日、スイスのバーゼルで死去	

山鹿素行
やまがそこう

江戸時代の古学の儒学者

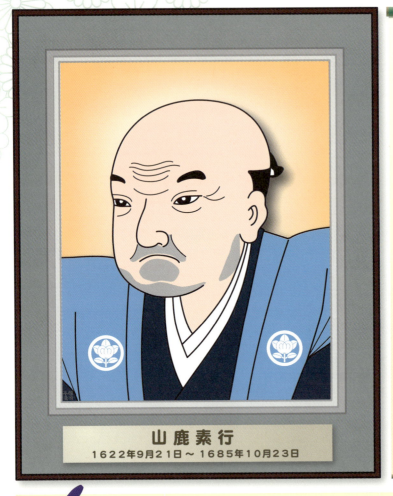

山鹿素行
1622年9月21日〜1685年10月23日

（山鹿素行の言葉）

◆凡ソ士ノ職ト云ハ、其身ヲ顧ニ、主人ヲ得テ奉公ノ忠ヲ尽シ、朋輩ニ交ツテ信ヲ厚クシ、身ノ独リヲ慎デ義ヲ専トスルニアリ

　山鹿素行は江戸時代前期の儒学者で、古学という学派に属します。
　彼は『聖教要録』で朱子学を批判しましたが、それは朱子による儒学の古典の理解に仏教の影響があると見たからです。素行は朱子を初めとする後代の儒学者による文献に頼らずに、『論語』や『孟子』を読み解くべきだと考えたのです（古学の主張）。
　一方、素行は、君主、臣下、父、子ども、兄弟、友人といった身分や立場に応じたあるべき倫理を論じるとともに、武士階級の倫理を「士道」と名付けて、これを詳細に論じました。上の文では武士は主君に忠義を尽くし、同僚から信頼され、身を慎んで正義を貫くべきだと説いています。

エピソード

●その生涯
9歳で林羅山の門下に入り、朱子学を学び、15歳からは軍学、神道、歌学など様々な学問を学んだ。家塾をおこして多くの門弟を育てたが、『聖教要録』により朱子学を批判したため、赤穂藩へ流される。晩年には許されて江戸へ戻り積徳堂を開いた。

●士道の細かさ
　素行は武士は、君主に忠孝を尽くすばかりではなく、中国の古典に親しむなど広く博識を得るべきであると説く。また、内面は外見に現れるとして、身だしなみや言葉遣い、物腰、飲食の仕方まで注意せよとする。例えば、早口、声高で話さない、大口で食べてはならない、汁をすする音は小さく、箸は2寸以上濡らしてはいけないなど。

名言集

- ●世の乱れは、言葉の乱れである
- ●人教えざれば道を知らず。道を知らざれば、すなわち、禽獣より害あり
- ●財宝を蓄えれば義を捨て士の本分を誤る
- ●凡そ天ものいわず、人代りて之を言ふ、天下の人仰ぎ帰すれば、則ち天これに命ずるなり。天下の帰仰する所、更に他ならず、唯だ天祖眷眷の命に在るのみ
- ●天地これ師なり、事物これ師なり
- ●異民族文化を自由に摂取して、そして、これを日本化する上において、天縦の神聖をそなえている

年　譜

西暦(年)	年齢(歳)	年　譜	参考事項
1622		現在の福島県会津若松市に生まれる	
1628	6	父が領地を召し上げられ、江戸に移る	
1630	8	林羅山に入門、朱子学を学ぶ	林羅山、上野に学寮を設立
1636	14	甲州流の兵学を学ぶ	
1637	15	剣術免許を受ける	島原・天草一揆
1642	20	山鹿流兵学を創始する	
1652	30	播州の赤穂藩に仕える	
1957	35	『武教小学』などを著し、山鹿流兵学がほぼ完成する	江戸で明暦の大火
1660	38	江戸に出て、著述や教育に励む	
1662	41	朱子学を批判して古学を提唱する	伊藤仁斎、古義堂を設立
1665	43	『山鹿語類』『聖教要録』完成	
1666	44	『聖教要録』で朱子学を批判したため、赤穂へ流される	
1669	47	『中朝事実』を著し、国体観を示す	
1673	51	『武家事紀』を著し、序文を書く	
1675	53	赦免され江戸へ戻る	
1680	58		赤穂藩主浅野長矩が内匠頭となる
1685	63	死去	

key word　士道

　山鹿素行は泰平の世に文治政治の責任者として立っていかねばならない武士に対し、三民（農・工・商）の長として自ら道を修め、模範とならねばならないと説き、武士がすぐれているのはその道徳的優越性によるとした。

key word　『聖教要録』

　兵学と儒学をともに学んだ素行は朱子学の主観的な修養論にあきたらなくなり，日用に役立つ実学をもとめ，周公・孔子の古代儒教の原点にかえるべきだとして，この書によって朱子学を批判した。これが日本における古学提唱のはじめである。

ユング

スイスの精神分析学者

ユング
1875年7月26日～1961年6月6日

◆〈ユングの言葉〉
無意識がそのより深い層において、いわば半ば活性をもった集合的内容を含んでいるという仮説を立てた。だから私は、集合的無意識ということを言うのである。

　ユングはスイスの精神分析学者です。彼はフロイト（→ p.140）と同じく、人間の心の奥底には無意識の世界があると主張します。それは人類に共通したものであるとして、この無意識を集合的無意識といいました。彼はこれを元型から出来上がっていると考えました。元型とはすべての人の心のなかに共通してあるイメージのようなもので、例えば、母親を包容力にあふれ、あらゆるものを育てる存在であるとともに、他方で子どもを束縛する、呑み込むような恐ろしさをもつ存在としてイメージするというようなものです。ユングはこうした元型が個人の夢や様々な民族が創作した神話や芸術に現れるのだと主張するのです。

エピソード

●繊細な少年

11歳でギムナジウム（中学・高校）に通い始め、豊かな家庭で育った級友たちと比べ、自分は貧乏な牧師の息子であるという現実に悩み、登校拒否をしたこともあった。その頃から、自分の中には「冴えない学生」としての人格と、「威厳に満ちた老賢者」のような人格の2つの人格が存在していることを感じ始める。

●フロイト

フロイトの「夢判断」を読み、感激してフロイトを訪ね、両者は協調して精神分析学の建設と発展に寄与。しかしユングの著書『リビドーの変遷と象徴』によってフロイトとの考えの相違が明らかとなり、論争を重ねた末に訣別する。

名言集

● 自分の外側を見る人は、夢を見ているだけだ。自分の内側を見る時、人は初めて目覚めるのだ

● 人に対して感じるあらゆるいらだちや不快感は自分自身を理解するのに役立つことがある

● 内面で向き合わなかった問題は、いずれ運命として出会うことになる

● 人の一生は、無意識の自己実現の物語である

● 一人の人間に合った靴は他の人間にはきつくて合わない。すべての事例に適合するような人生の処方箋はないのだ

> さらに詳しい内容については
> ▶ 清水書院 人と思想59
> 『ユング』 林 道義 著 を参照

年 譜

西暦(年)	年齢(歳)	年 譜	参考事項
1875		7月26日、スイスのケスヴィルに生まれる	
1895	20	バーゼル大学医学部に入学	
1900	25	チューリッヒ大学ブルクヘルツリ精神病院の助手となる	フロイト『夢の解釈』出版
1907	32	ウィーンに行き初めて、フロイトを訪問	
1910	35	「国際精神分析学会」創立、初代会長となる	
		ブルクヘルツリ精神病院をやめ、開業医に専念	
1912	37	『リビドーの転換と象徴』出版。フロイトと訣別	アドラー「国際精神分析学会」を脱退
1914	39	「国際精神分析学会」を脱退	第一次世界大戦
1916	41	「心理学クラブ」設立	
1921	46	『心理学的類型』出版	
1923	48	ボーリンゲンに「塔の家」を建てる	
1933	58	「国際心理療法医学会」の会長、1939年に辞任	ヒトラー、首相となる
		「エラノスの集い」に初めて参加、講義を行う	
1937	62	エール大学で「テリー講義」（『心理学と宗教』）	
1939	64	鈴木大拙との親交を深める	第二次世界大戦
1940	65	『心理学と宗教』ナチスにより発禁	
1944	69	『心理学と錬金術』出版	
1946	71	『転移の心理学』出版	
1948	73	ユング研究所設立	
1951	76	『アイオーン』出版	
1952	77	『ヨブへの答え』発表	
1955	80	『結合の神秘』第一巻、翌年第二巻出版	
1961	86	6月6日、死去	

吉田松陰
幕末の思想家

吉田松陰
1830年9月20日～1859年11月21日

◆（吉田松陰の言葉）
吾れの将に去らんとするや、子遠吾に贈るに死の字を以てす。吾れ之れに復するに誠の字を以てす

　吉田松陰は幕末の長州藩の思想家、教育者です。すでに11歳には藩主に山家素行の『武学全書』を講義するなど若い頃から学問の才能を発揮しました。
　松陰の思想と行動を貫くものは誠（至誠）でした。『孟子』にある「至誠にして動かざる者、未だ之れあらざるなり（誠実さを尽くせば誰もが心を動かされるのだ）」という一文を松陰は終生、心に刻んでいたのです。ただし、この誠とは行動に現れるものでなければならないとしています。実際、アメリカの艦船への密航に失敗した後、正直に自首しています。また、幕府の裁判にかけられるときも、誠実に振る舞い、自分にとって不利なことまでも話していました。松陰には正直に誠実に接すれば、相手は必ずわかってくれるという信念があったのです。

エピソード

●肖像画

吉田松陰は日本に写真の技術が伝わる前に死んだため、肖像写真がなかった。その代わり、肖像画が10枚近く描かれていたので、どういう風貌をしていたのか後世に伝えることができた。しかし、29歳の若さで死んでいる松陰の肖像画はどう見ても年寄りにしか見えなく、似ていないといわれている。ところが似ていない自分の肖像画を本人はとても気に入っていたらしい。

●「誠」の意味

江戸に送られる折り、松陰は門下生の子遠（入江杉蔵のこと、禁門の変で参謀を務めるが戦死）より、「死」の一字を贈られる。これはどのみち死ぬのならば、奉行所で幕府の役人と刺しちがえて死ぬことを勧めたものと解釈できる。それに対して、松陰は、「誠」の一字を返したのである。誠実さで幕府の裁きに臨むというのだ。

名言集

● 道の精なると精ならざると、業の成ると成らざるとは、志の立つと立たざるに在るのみ
（優れた生き方ができるか、勉強や仕事に成功できるかは、志があるかないかにかかっているという意味。）

● 学問の大禁忌は作輟なり
（大禁忌とは、絶対にしてはいけないこと。作輟とは、したりしなかったりすること。）

● かくすればかくなるものと知りながらやむにやまれぬ大和魂
（密航に失敗した吉田松陰が江戸に護送される途中、赤穂浪士たちがねむる泉岳寺の前を通ったときに詠んだ和歌。）

> さらに詳しい内容については
> ▶ 清水書院　人と思想⑭
> 　『吉田松陰』 高橋文博 著　を参照

年　譜

(年齢は数え年)

西暦(年)	年齢(歳)	年　譜	参考事項
1830	1	8月4日（旧暦）、長門国萩で長州藩士の父、杉百合之助常道の次男として生まれる。名は虎之助	
1834	5	叔父吉田大助の仮養子となる	
1835	6	吉田家を嗣ぐ杉家に同居。この年、大次郎と改名	大塩平八郎の乱
1842	13		叔父玉木文之進が萩に松下村塾を開く
1846	17	西洋陣法を学び、さらに外患を憂えて防備を講究する	
1852	23	11月より、松陰の号を常用する 12月、脱藩の罪により士籍剥奪・家禄没収	
1853	24	1月、藩政府より10年間の諸国遊学許可を得て、萩を出発。寅次郎と改称する	アメリカのペリー、浦賀に来航
1854	25	3月、金子重之助とともに海外渡航の志をもち、江戸を出発、下田で米艦に乗り込むが海外渡航を拒絶され、自首 9月、萩に護送され、10月、松陰は野山獄へ投獄	日米和親条約締結
1855	26	獄を赦されて杉家に幽囚となる	
1857	28	松陰の幽室での講義盛んとなる 11月5日、杉家敷地内の小屋を塾舎とし、松陰が実質的に主宰する松下村塾が成立	
1858	29	松下村塾の門人増加傾向 11月、老中襲撃をはかるものの、計画が破れ、12月、松陰投獄の藩命が下り、野山獄へ再入獄。松下村塾が終了	井伊直弼、大老となる 日米修好通商条約調印 安政の大獄
1859	30	4月、幕府、松陰召喚の命令を出す 10月27日、死罪が申し渡され小伝馬町の獄内で処刑 10月29日（旧暦）、小塚原回向院内に葬られる	

ラッセル
イギリスの論理学者

ラッセル
1872年5月18日～1970年2月2日

（ラッセルの言葉）
◆我々は人類をおわりに導こうとするのか？それとも我々は戦争を断念するのだろうか？

　ラッセルはイギリスの哲学者です。もともとは思考の法則や言語の規則を研究する論理学の分野で新たな学説を開拓した人物なのですが、その領域に止まらず、幅広い分野で自分の主張を発信し続けました。彼の取り組みの1つが核廃絶運動です。上の文章は1955年にラッセルがアインシュタインと共同で、核兵器の廃絶に向けて出した声明文の一部です。今日ではこれをラッセル・アインシュタイン宣言と呼びます。
　当時、アメリカとソ連は核実験と核兵器の配備に奔走していました。それに対して、2人は人類が滅亡するか、それとも戦争を放棄するかどちらかの選択が迫られているほど核の問題は深刻であると警告したのです。

エピソード

●両親は短命
母ケイトは2歳の時、父アンバーレーは3歳の時に亡くなる。兄フランクと父方の祖父で英国首相を務めたジョン・ラッセルのもとで養育されることになるが、この祖父も6歳の時に亡くなった。以後、祖母レイディに育てられた。

●自殺について考えた
若い頃、野原を通ってニューサウスゲートへと続く道があり、そこで一人夕陽を眺め、自殺について考えた。しかしもっと数学について知りたいと思い、結局、自殺はしなかった。

●ノーベル文学賞
1950年、男女関係の倫理、結婚、道徳を論じた著書『結婚と道徳』によりノーベル文学賞を授賞。晩年は世界平和運動の象徴的人物として活躍。97歳で世を去った。

名言集

- ●幸福へいたる道は、労働の組織的な減少のうちにある
- ●迫りくる危機は、労働が徳にかなっているという信念に起因する
- ●さまざまな不幸の原因は、一部は社会制度にあり、一部は個人の心理にある。もちろん、人の心理は、それ自体、大部分が社会制度の所産である
- ●不幸な人間は、いつも自分が不幸であるということを自慢しているものです

> さらに詳しい内容については
> ▶ 清水書院 人と思想㉚
> 『ラッセル』 金子光男 著 を参照

年　譜

西暦(年)	年齢(歳)	年　譜	参考事項
1872		5月18日、ウェールズで生まれる	
1894	22	ケンブリッジ大学卒業	
1896	24	『ドイツ社会民主主義』出版	ブライアン、民主党結成
1910	38	ケンブリッジ大トリニティ・カレッジの講師となる	
1912	40	『哲学の諸問題』出版	
1916	44	不穏文書作成で罰金100ポンドを受け、トリニティ・カレッジを解任される	ロイド＝ジョージ内閣成立
1918	46	反戦運動で召喚、禁固6か月	
1921	49	『精神の分析』出版	ワシントン会議
1929	57	『結婚と道徳』出版	世界恐慌
1931	59	兄が死亡し、ラッセル第三代伯爵となる	
1935	63	『怠惰礼讃』出版	
1938	66	アメリカへ行き、6年間在住する	ドイツ、オーストリアを併合
1945	73	『西洋哲学史』出版	広島・長崎に原爆投下
1950	78	ノーベル文学賞を受賞	
1955	83	ロンドンでアインシュタインとともに原水爆禁止の講演を放送（ラッセル・アインシュタイン宣言）	アインシュタイン死す
1957	85		パグウォッシュ会議開催
1961	89	百人委員会を結成、核兵器反対の座りこみで逮捕され懲役刑	
1967	95	第一回ラッセル法廷をストックホルムで開催	
1970	98	2月2日、ウェールズで死去	

ルソー
フランスで活動した思想家

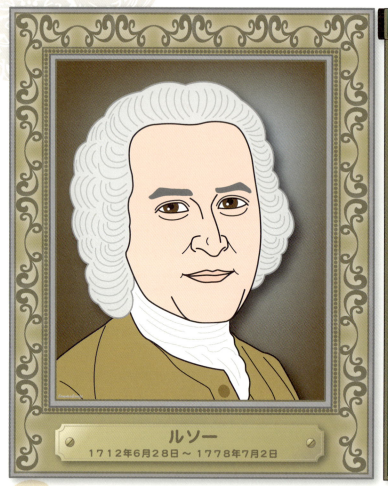

ルソー
1712年6月28日 〜 1778年7月2日

〈ルソーの言葉〉
◆ はじめはなにもしないことによって、あなたがたはすばらしい教育をほどこしたことになるだろう

　ルソーはスイスのジュネーブに生まれ、フランスで活躍した18世紀の思想家です。1762年『エミール』を刊行し、自然なままの成長を促す教育を訴えたのです。植物が自然に育っていくように子供も育つものであるとして、特に幼い頃には、何もしない教育を提唱しました。ルソーは子供は不完全な人間であるとの見方を否定するとともに、教育とは親や教師の好みに合うように、子どもを作為的に育てることであるという教育観を痛切に批判したのです。
　彼は同年、『社会契約論』も出版し、主権が国民に帰属することを明らかにしました。ルソーの国民主権の考えは、フランス革命の正統性の根拠となるのです。

エピソード

●青少年時代
母は自分を産んだと同時に亡くなり、父は蒸発。13歳のときに彫金師のもとへ奉公に出されるが奉公先の親方が怖い人で、暴力に耐えきれず16歳で脱走。食べるために家庭教師、音楽教師、楽譜の筆写、外交官の書記、銅版工など職を転々とした。ときには物乞いをしていた時期も。

●露出狂
若い女性たちの前で、自分のズボンをずり下げて、尻を丸出しにした格好を見せるのが好き。捕まった時も、尻を見せると女性が尻を叩いてくれると思ったと、訳の分からない言い訳までしている。

名言集

● 人間は生まれつき自由だが、いたるところで鎖につながれている

● 一般意思は万人に由来し、万人に適用されるものであるべきだ

● 十歳で菓子に、二十歳で恋人に、三十歳では快楽に、四十歳では野心に、五十歳では貪欲に動かされる。人間はいつになったら、英知のみを追うようになるのであろうか

● 感謝は支払われるべき当然の義務だが、それを期待する権利は誰にもない

● わたしたちはいわば2回この世に生まれる。1回目は存在するために、2回目は生きるために。はじめは人間に生まれ、つぎには男性か女性に生まれる。

年　譜

西暦(年)	年齢(歳)	年　譜	参考事項
1712		6月28日、ジュネーヴに生まれる	ドゥナンでヴィラール戦争
1725	13	4月26日、デュコマンのところに徒弟奉公に出る（5年の契約）	ピコ『新科学原理』
1726	16	3月14日、ジュネーヴを去る 3月21日、アヌシーに着き、はじめてヴァラン夫人と会う	ジョージ2世即位 ヴォルテール、長編叙事詩『アンリヤード』
1733	21	ヴァラン夫人の恋人となる	ポーランド継承戦争始まる
1742	30	8月22日、科学アカデミーで「新しい音符法に関する試案」発表	フレデリック2世、シレジア併合
1749	37	1月、「百科全書」の音楽の項を書き始める 10月、「学問芸術論」を書き始める	ラ＝メトリー『人間機械論』 20分の1税をはじめて課す
1754	42	8月、ジュネーヴの市民権を得る。プロテスタントに戻る 『人間不平等起源論』執筆	
1755	43	夏、『人間不平等起源論』出版。『百科全書』の第5巻が出る。これには、ルソーの『政治経済論』が入っている	リスボンの地震
1762	50	4～5月、『社会契約論』『エミール』出版 6月9日、『エミール』弾圧のため、フランスからのがれる	
1763	51	『クリストフ＝ボーモンへの手紙』出版	パリ条約
1768	56	8月30日、ブルゴワンでテレーズと正式に結婚	
1770	58	ブゼイ侯爵邸で朗読会を行う	ヘーゲル生まれる
1775	63	10月31日、『ピグマリオン』がコメディ-ランセーズで上演され成功	アメリカ独立戦争
1778	66	7月2日、死去（午前11時） 7月4日、ポプラ島に埋葬 10月、ルソーの遺体、パリのパンテオンに移される	アメリカ、フランスと同盟通商条約

さらに詳しい内容については
▶ 清水書院　人と思想⑭　『ルソー』　中里良二 著　を参照

ルター

ドイツにおける宗教改革の推進者

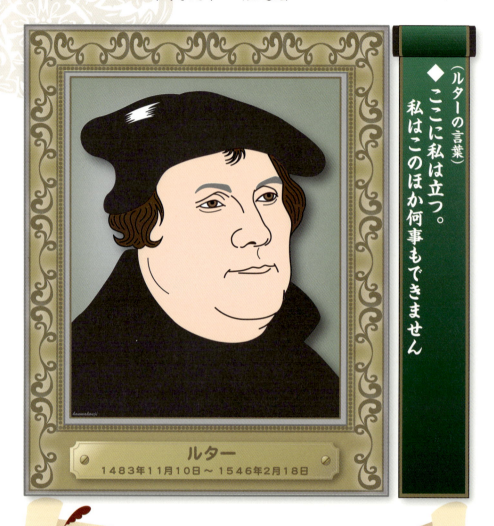

◆（ルターの言葉）
ここに私は立つ。私はこのほか何事もできません

ルター
1483年11月10日～1546年2月18日

　ルターは宗教改革を導いたドイツの神学者です。当時、ローマ教皇レオ10世は聖ペテロ寺院の建設費を確保するため、ドイツで大量の贖宥状（免罪符）を発行しました。これを買えば罪が許されるとしたのです。ルターはこれに対し、『95箇条の論題』を公にして、これを批判しました。ルターは破門され、国会に出頭して、自分の主張を取り消すつもりはないと断言したうえで、上の言葉を述べ、話を結んだといいます。
　ルターは人は信仰によってのみ人は救われると説きました。また、信仰の拠り所は教会ではなく聖書であると主張したのです。この教えがカルヴァンの宗教改革とともに、プロテスタントという新しいキリスト教を生み出していったのです。

エピソード

●落雷の恐怖をきっかけに聖職者に

22歳の夏、旅行中に突然激しい雷雨に襲われ、死の恐怖を感じたルターは「神様助けてください、私は修道士になります」と必死に祈り、一命を取りとめると、法律家にしようとしていた父の反対を押しきって数日、本当に修道院に入った。

●ビール大好き

ルター42歳の時、26歳の元修道女カタリーナと結婚。結婚式にはアインベックからビールが贈られた。しかし、ルターが愛していたのは妻が造るビール。カタリーナは結婚前、修道院で醸造を学んだビール造りの名人だった。修道院では巡礼者へのもてなしとして、また断食の時期に栄養を補給するための「液体のパン」としてビールが造られていた。

ルターは「ビールは体に悪い」という演説を終えた後に、ビールを大飲みしたことがある。

名言集

- ●いい結婚にも増して、愛深く友情あり魅力ある関係、交遊、仲間関係はない
- ●希望は強い勇気であり、あらたな意志である
- ●酒は強い。王様はさらに強い。女はもっと強い。しかし真理は何よりも最も強い
- ●たとえ明日、世界が滅びようとも、明日、リンゴの木を植えよう
- ●死は人生の終末ではない。生涯の完成である
- ●全てのことは、願うことから始まる
- ●嘘は雪ダルマである、長く転がせば大きくなる
- ●酒と女と歌を愛さぬ者は、生涯、馬鹿で終わる者だ
- ●いくら智恵があっても、これを使う勇気がなければ、何の役にも立たないように、いくら信仰が厚くても、希望がなければ何の価値もない。希望はいつまでも人とともにあって、悪と不幸を克服するからである

> さらに詳しい内容については
> ▶ 清水書院　人と思想⑨
> 　『ルター』　小牧 治・泉谷周三郎 共著
> 　を参照

年　譜

西暦(年)	年齢(歳)	年　譜	参考事項
1483		11月10日、中部ドイツのアイスレーベンにて生まれる	
1488	5	マンスフェルトのラテン語学校に入学	
1497	14	マグデブルクのラテン語学校に移る	メランヒトン生まれる
1501	18	エルフルト大学に入学	
1512	29	10月、神学博士となり、ヴィッテンベルク大学の神学部教授に就任	
1517	34	10月31日、『95か条の論題』をヴィッテンベルクの城教会の扉に掲示する	
1519	36	7月、ライプチヒでの討論会に参加 9月、「ガラテヤ人への手紙講解」	1月、皇帝マキシミリアン死去 6月、カール1世皇帝に当選し、神聖ローマ皇帝カール5世と称する
1520	37	12月、教皇の破門状の大教書を焼く	
1521	38	4月18日、ヴォルムス国会で決定的発言をする 12月、ヴィッテンベルク教会で紛争が生じる	
1525	42	6月、カタリナ・フォン・ボラと結婚	5月、フリードリヒ賢明侯死ぬ
1542	59	5月、「最後の創世記」講義を始める	
1546	63	前年の12月から1月7日まで、マンスフェルト伯の紛争問題の解決にあたる 1月17日、ヴィッテンベルクで説教 1月末、マンスフェルト伯の紛争解決のためアイスレーベンに行く 2月14日、マンスフェルト伯の紛争解決 2月18日、死去	シュマルカルデン戦争始まる

レイチェル・カーソン
環境問題の先駆者

カーソン
1907年5月27日～1964年4月14日

（レイチェル・カーソンの言葉）
◆春がきたが、沈黙の春だった。…野原、森、沼地―みな黙りこくっている

　アメリカの海洋生物学者で評論家のレイチェル・カーソンは、1962年『沈黙の春』を世に公表し、環境汚染の進んだ極限状況の町を想像して描写しました。アメリカで合成殺虫剤や除草剤などの化学薬品による環境汚染が進行している事態に警鐘を鳴らしたのです。カーソンによれば、これらの化学薬品は農園、森林などに散布され、湖水の魚や地中のミミズ、鳥の卵、ひいては人間に蓄積されているといいます。それは、生体内で突然変異を引き起こし、ガン発生など生命の危険をもたらすのです。人間はわずか2～3種の虫を退治するために環境を汚染し、ひいては自分自身の体を危機に陥れているのです。

エピソード

●趣味
読書、バードウォッチング、海辺や森の散歩。いつも猫や犬がいた。特に猫が好きで原稿には猫のスケッチも。

●地球の恩人
環境や生物に与える影響を丁寧に調べ上げた『沈黙の春』（1962年出版）は環境問題の原点として世界中で高く評価され、カーソンは「地球の恩人」と呼ばれた。

●ピーターラビット
幼い頃から読書が大好き。いつか自分も物語を作りたいと考え、小学校4年のときに書いていた物語「眠るウサギ」の表紙には、当時大好きだったビアトリクス・ポターの「ピーターラビット」の絵本がテーブルの上に置かれていた。

名言集

●望遠鏡を逆さまにして、地上の人間の未来を見通すことができるなら、自分自身を破壊するための計画に、時間と熱意をそそぎこむようなことは少なくなるでしょう

●ある仕事を、女性がしたのか、男性がしたのかということには関心がありません。すべて人間の仕事なのです

●私たちは自然の流儀というものを知る必要がある

●地球の美しさと神秘を感じとれる人は科学者であろうとなかろうと、人生に飽きて疲れたり、孤独にさいなまれることはけっしてないでしょう

さらに詳しい内容については
▶ 清水書院　人と思想⑬
　　『レイチェル＝カーソン』
　　太田哲男 著　を参照

年 譜

西暦(年)	年齢(歳)	年　譜	参考事項
1907		5月27日、アメリカのペンシルヴェニア州生まれ	
1929	22	ペンシルヴェニア女子大学卒業、ジョンズ・ホプキンズ大学大学院入学。遺伝学を学ぶ	世界恐慌
1932	25	海洋生物学の修士号を取得	
1936	29	水産生物学者として漁業局に正式採用	
1937	30	『アトランティック・マンスリー』誌に「海の中」が掲載される（全国的な雑誌に載った最初）	
1940	33	内務省管轄の魚類・野生生物局に編成替えとなる	
1941	34	『潮風の下で』を出版	太平洋戦争
1949	42	生物学者・編集担当となり、出版関連の仕事をする	
1951	44	『われらをめぐる海』を出版	
1952	45	『われらをめぐる海』映画化され、アカデミー賞ドキュメンタリー部門オスカーを獲得	
1955	48	『海辺』を出版	
1956	49	論文「あなたの子どもに驚異の眼をみはらせよう」を発表（没後の1965年、『センス・オブ・ワンダー』として出版）	米農務省の指導の下、マイマイガ「根絶」のため、ＤＤＴの大量空中散布実施
1957	50		ニューヨーク州で、ＤＤＴ大量散布の禁止命令を求める訴訟起こる
1962	55	『沈黙の春』を出版	
1963	56	シュヴァイツァー・メダルを受ける	
		農薬委員会報告書で農薬の使用を公表	
		『沈黙の春』が日本を含め14か国で翻訳される	
1964	56	4月14日、メリーランドで死去	

193

レヴィ・ストロース
フランスの文化人類学者

◆（レヴィ・ストロースの言葉）
素晴らしい文明ではないか。
そのクィーンたちは化粧で夢を囲むのだ

レヴィ・ストロース
1908年11月28日～2009年10月30日

　レヴィ・ストロースはフランスの文化人類学者であり、構造主義を唱えるフランス現代思想の代表といえます。1935年、彼はブラジルに赴き、その地の大学教授に就任し、現地住民に対する民族学的研究をすすめました。その研究の一環で、ブラジルとパラグアイの国境地方に住むカデュヴェオ（caduveo）族を知ります。その女性たちは顔に顔面塗装をする（右ページ図）のですが、それは人間であることの証であるというのです。現代人は、顔面塗装を行う民族を未開状態にあると見なしてしまいます。しかし、それはレヴィ＝ストロースによれば、西欧文化に捕らわれた見方に過ぎないのです。どちらの文化の間に優劣はないというのです。

エピソード

●**家族**
芸術家が多い家系で、父も画家。幼い頃は日本の浮世絵など、異国趣味にも触れている。

●**メルロ・ポンティとの友情**
大学卒業後、難関の哲学教授資格試験に合格。この時に同世代のメルロ・ポンティと一緒に教育実習をしたのは有名。この後、メルロ・ポンティとの友情はずっと続き、1959年、メルロ・ポンティの協力でコレージュ・ド・フランスの社会人類学講座の教授に。メルロ・ポンティが亡くなった翌年の1962年に出版した『野生の思考』はメルロ・ポンティに捧げられている。

●**長寿**
2008年11月、100歳の誕生日を迎え、フランスで記念行事が行われた。また政府はフランスで活動する人文社会科学者を対象とする「レヴィ＝ストロース賞」の創設を発表。翌2009年、100歳という長寿で亡くなった。

名言集

● 文字というものは、知識を強固にするには十分ではなかったにせよ、支配を確立するためには不可欠だったのであろう

● アジアで私を恐れさせたものは、アジアが先行して示している、われわれの未来の姿であった

● 日本は、神話と歴史のつながる世界で唯一の国だ

> さらに詳しい内容については
> ▶ 清水書院　人と思想⑯
> 　『レヴィ＝ストロース』
> 　吉田禎吾・浜本 満・板橋作美 共著
> を参照

カデュヴェオ族の顔面塗装
（『悲しき熱帯』などより）

年　譜

西暦(年)	年齢(歳)	年　譜	参考事項
1908		11月28日、ベルギーに生まれる	
		生後2か月でパリに移り、成人を迎える	
1927	19	パリ大学法学部に入学	
1935	27	モン・ド・マルサン高等中学校の教師を経て、ブラジルのサンパウロ大学社会学教授	
		フランス政府の研究資金によって、ブラジルの現地住民であるカデュヴェオ族などを調査	ドイツと日本国際連盟脱退
1939	31	情報将校として兵役に服すが、アメリカへ亡命	第二次世界大戦
1942	34	ニューヨークの「新社会調査学院」教授となる	
		この間に文化人類学を学ぶ	
1945	37	フランスに戻る	
1949	41	『親族の基本構造』を刊行	東西ドイツが成立
1955	47	『悲しき熱帯』を刊行、一躍有名となる	アジア・アフリカ会議
1958	50	論文集『構造人類学』を刊行	
1959	51	コレージュ・ド・フランスの社会人類学教授となる	キューバ革命
1962	54	『今日のトーテミズム』、『野生の思考』を刊行	
1973	65	エラスムス賞を受賞、アカデミー・フランセーズ会員	第4次中東戦争
			ベトナム戦争終結
1977	69	国際交流基金の招きによって初めて来日	
2008	100	フランス政府がレヴィ＝ストロース賞を創設	
2009	100	フランス東部の別荘で死去	

レーニン

ロシアの政治家・革命家

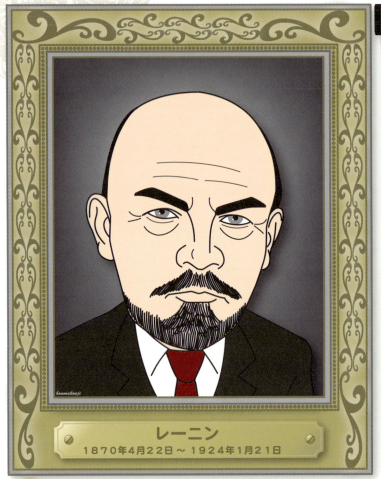

レーニン
1870年4月22日〜1924年1月21日

◆（レーニンの言葉）
共産主義だけが、国家を完全に不必要にする。なぜなら、抑圧すべき相手がだれもいないからである

　レーニンは1917年のロシア革命を率いた政治家であり、また、マルクスの経済学、政治論を受け継いだ思想家でもあります。彼は帝政ロシア*と資本主義経済の打倒を目指して、労働者や兵士を率いて、政治権力を獲得し、世界で初めての社会主義国家（ソ連）を樹立しました。これがロシア革命です。レーニンによれば、社会主義社会では、少数派の資本家がまた権力を持つことがあるかもしれないので、資本家を抑圧するために、国家は必要であると考えました。しかし、資本家が完全にいなくなり、労働者が全権力を完全に握る共産主義社会では国家は必要なくなると主張したのです。

*ロシア革命の当時、ロシアは皇帝が権力を持つ君主国であり、民主主義の発展が阻まれているとともに、ヨーロッパでは最も産業の発展が遅れていた資本主義国の一つであった。

エピソード

●幼少期

6人の兄弟姉妹の次男で丸々と太った活発な子どもだった。家族で文学や音楽を共通の趣味とするなど、教養にあふれる一家だった。

9歳の時にシムビルスク古典中高等学校に進学、全学科全学年を首席で通して卒業時には金メダルを授与されているほど成績は優秀だった。

●相次ぐ親族の不幸

1886年1月に父が脳出血で倒れて亡くなり、翌年にはペテルブルク大学理学部に在籍していた兄が、ロシア皇帝アレクサンドル3世の暗殺計画に加わったという容疑で絞首刑にされ、同じく疑いが掛けられた姉は追放の処分を受けた。

● 1892年、サンクトペテルブルク大学から第一法学士の称号を与えられる

サンクトペテルブルク大学時代、専攻であった言語に関する成績はトップクラスで、ギリシャ語・ラテン語、ドイツ語、英語、フランス語を習得。フランス語は苦手だったらしく、後年にフランス語での講義を断ったというエピソードも。

名言集

●もっとも危険なことは、敗北よりもむしろ自分の敗北を認めるのを恐れることであり、その敗北から何も学ばない事である

●どんな政治的自由があっても、それだけでは飢えたる大衆を満足させない

●無関心は権力者、統治者への静かな支持である

●一人は万人のために、万人は一人のために

●思想は大衆の心をつかんだ時、力となる

●書物は、大いなる力である

●富者と詐欺師は、メダルの表裏の違いしかない

●一歩前進、二歩後退

●政治においてはしばしば敵から学ばなければならないとは昔からの真理である

> さらに詳しい内容については
> ▶ 清水書院　人と思想㉙
> 『レーニン』
> 中野徹三・高岡健次郎 共著　を参照

年譜

西暦(年)	年齢(歳)	年　譜	参考事項
1870		4月22日、ヴォルガ中流のシンビルスクに生まれる	普仏戦争
1879	9	シンビルスク古典中学校に入学	トロツキー、スターリン生まれる
1891	21	ペテルブルグ大学の国家検定試験を受ける	露仏同盟成立。シベリア鉄道起工
1895	25	ペテルブルグで「労働階級解放闘争同盟」を設立	
1898	28	7月10日、デクルーブスカヤと結婚	ロシア社会労働党第1回大会
1901	31	「イスクラ」の編集と執筆の中心人物として活動	社会革命党結成。労働・農民運動激化
1911	41	パリ近郊ランジェモに党学校をつくる 解党派、トロツキーら調停派との闘争激化	ストルイピン暗殺される 第2次モロッコ事件
1915	45	ツィンメルワルト左派を組織	ツィンメルワルト社会主義者会議
1917	47	4月4日、「4月テーゼ」を提起する 10月25日、午前10時、「ロシアの市民へ！」を書いて臨時政府が打倒されたことを宣言する 10月26～8日、前日から開かれていた第2回全ロシア‐ソヴィエト大会に出席し、「平和についての布告」「土地についての布告」を提案、人民委員会議議長に選出される	10月革命 独露休戦協定の成立
1919	49	3月、コミンテルン第1回大会に出席	ローザら虐殺。ヴェルサイユ講和条約
1922	52	10月、第4回コミンテルン大会に出席 12月12日、クレムリンの事務室で最後の執務	日本共産党結成 ムッソリーニ首相就任
1923	53	1～2月、「協同組合について」「量はすくなくとも、質のよいものを」など、最後の5つの論文を口述	
1924	54	1月21日、死去	

老子
道教の始祖

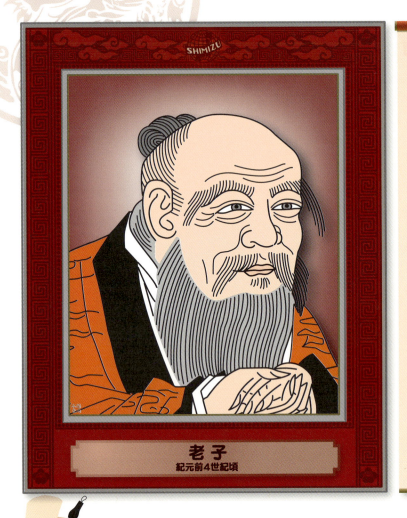

老子
紀元前4世紀頃

（老子の言葉）
◆企つ者は立たず、跨ぐ者は行かず

　道教の始祖である老子は、紀元前4世紀ころの人ですが、経歴はいっさい不明です。上の言葉はつま先立ちでは長く立ち続けることはできない大股で歩こうとしてもやがて疲れて、遠くまで行くことはできないという意味です。老子は、このような不自然で、作為的で、気負って力んだ生き方を否定します。それを推し進めているのは儒学なのです。代わって、無為（無理にしようとはしない）、自然（ありのまま）、柔弱（状況に応じて柔軟に対応する）復帰（無欲であることに立ち返る）をモットーとした生き方を主張します。万物の根拠である道の真理を極めるには、こうした生き方に徹することより以外にはないとも言っています。

エピソード

●道教の最高神
経歴は不明な点が多く、架空の人物であるとか、複数の歴史上の人物を統合させたという説がある。「史記」によると、楚の国に生まれ（地名としての楚は、現在の湖南省・湖北省）、周王朝の王宮法廷で記録保管役として働いていたといわれる。その思想が中国三大宗教のひとつである道教に採り入れられると神格化され、道教の最高神に祀られた。

●儒学を否定
儒学の教えを否定し、自然のまま生きる道家と呼ばれる教えを説いた。のちにさまざまな信仰とあわさって、中国独特の宗教になった。

名言集

●道の道とすべきは常の道に非ず
●人を知る者は智、みずからを知る者は明
●上善は水の如し。水は善く万物を利して争わず
●知る者は言わず、言う者は知らず
●取らんと欲する者は先ず与えよ
●魚を与えれば、一日食べていける。魚の取りかたを教えれば、一生食べていける
●誰かを深く愛せば、強さが生まれる。誰かに深く愛されれば、勇気が生まれる
●正しい言葉は聞こえがよくなく、聞こえがよい言葉は正しくない
●千里の道も一歩から
●天下の難事は必ず易きに起こる
●真実味のある言葉は、面白味がなく、面白味がある言葉には、真実味がない

さらに詳しい内容については
▶ 清水書院　人と思想①　『老子』　髙橋 進 著　を参照

実力クイズ

（答えは p.208）

問題①　次の4人のうち、すべての人は四端の心をもっているとして性善説を説いた人物は？

A・孔子　　B・孟子　　C・朱子　　D・荘子

問題②　次の4人のうち、「日本の陽明学の始祖」とされる人物は？

A・中江藤樹　B・本居宣長　C・賀茂真淵　D・荻生徂徠

ロールズ
アメリカの哲学者

ロールズ
1921年2月21日〜2002年11月24日

（ロールズの言葉）
◆不平等は、社会のなかで最も不遇な人々が最大の利益になるものであること

　ロールズは今日の思想界に大きな影響を与えたアメリカの研究者です。
　自由と平等という理念はどちらも両立されるかのように並列されますが、自由（特に金儲けの自由）を極めていくと不平等（貧富の差）が起こってきます。反対に、経済的平等を貫くと、自由な経済活動が出来なくなり、息苦しい世界になります。
　こうした相反する特徴を認めたうえで、ロールズは、「正義の第二原理」という名のもと、社会的不平等や格差は、社会で最も恵まれない人にとって最大の利益になること（格差原理）、公正な機会均等が保証されていること、この２つを条件に容認されると主張しました。

エピソード

●占領軍として広島へ

終戦後、占領軍の一員として日本に訪れて、広島の原爆投下の惨状を目の当たりにして、軍隊嫌いになった。士官への昇任を辞退し、1946年に陸軍を除隊する。その後、第二次世界大戦末期の原子爆弾の使用は公正ではなかったと語り論議を呼んだ。

key word　格差原理

不遇で、恵まれない人々にとって利益となる不平等や格差はないと言うかも知れないが、例えば、クラスの生徒を理解の進み方の違いから数グループに分けて、きめ細かく教えるといった例はどうであろうか。ロールズは不平等や格差を厳しい条件付きで認めているのであって、特に、貧困にあえぐ人々の利益にならない格差や、そうした人々が等しいチャンスを得ることが出来ない格差社会を認めない。

名言集

●正義の原理は無知のヴェールの背後で選択される
●「正義」とは公正な分配を行い、人々の自由な選択を保障することである
●ドイツからはコメディアンが出ないし、イタリアからは経済学者は出てこない。アメリカからは哲学者は出ない

key word　『正義論』

現代では、フランス、ドイツといった哲学先進国での思想がやや精彩を欠いているのに対して、アメリカの現代哲学はその影響力を広く世界に広めている。そのアメリカ現代哲学の興隆に寄与した第一人者がこのロールズに他ならない。特に、1971年に刊行された『正義論』は、ともすれば、倫理的な言葉の分析にこだわっていた当時の倫理学に新風を呼び込むとともに、その射程範囲の広さから、法哲学、経済学にも新たな知的土俵を提供したのである。

年譜

西暦(年)	年齢(歳)	年譜	参考事項
1921		アメリカのボルチモアに生まれる	
1939	18		第二次世界大戦はじまる
1941	20		太平洋戦争はじまる
1943	22	プリンストン大学卒業、陸軍に入隊	
1945		占領軍の一員として来日、広島の惨状に衝撃をうける	広島・長崎に原爆投下
1950	29	「倫理の知の諸根拠に関する研究」で博士号	
1958	37	「公正としての正義」の概念を提唱	
1962	41	ハーバード大学教授	
1971	50	『正義論』刊行	
1991	70	ハーバード大学名誉教授	
1999	78	『万民の法』刊行	
2002	81	死去	

実力クイズ

問題　次の4人のうち、「純粋理性批判」、「実践理性批判」、「判断力批判」の三批判書で知られる人物は？

（答えはp.208）

A・ロック　　B・カント　　C・ルソー　　D・アダム＝スミス

ロック
イギリスの経験論哲学者

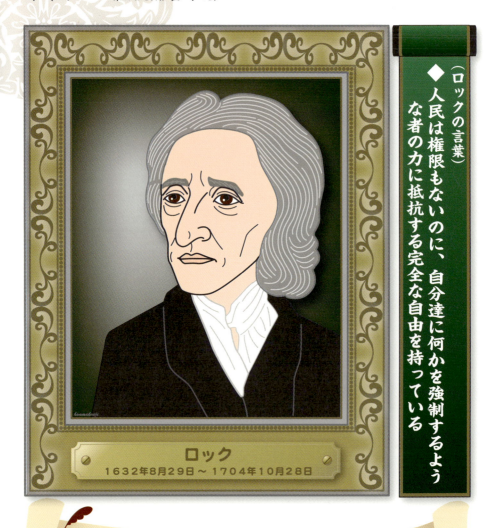

（ロックの言葉）
◆人民は権限もないのに、自分達に何かを強制するような者の力に抵抗する完全な自由を持っている

ロック
1632年8月29日～1704年10月28日

　　ロックは17世紀後半のイギリスを代表する哲学者です。当時のイギリスは、国王側と議会側が政治権力の争奪をめぐって厳しく対立しており、ロックはこの争いに巻き込まれ、亡命生活を送ることとなりました。1688年名誉革命がおこり議会側が国王を追放します。その2年後、ロックは『統治二論』を刊行するのです。
　　ロックによれば、権力を持った政治家は人民から権力の行使を信託されているだけのことであり、もしも、逆に人民を抑圧するような政治をするならば、それは信託違反である、と言っています。そのときには人民は抵抗権を発動して新しい政府を作ってもいいとし、これを根拠に名誉革命を正当化したのです。

エピソード

●短命?
30代の終わりころから結核を病んでいて、自分があまり長くは生きられないと思っていた。ロックの本業は医師で結核の診断を下した医師は自分自身。しかし、結核だったはずなのに実際、亡くなったときは72歳になっていた。結核だったというのはどうも誤診だったようで、慢性気管支炎による喘息だったらしいとされている。

●三角関係
ケンブリッジの学者の娘だったダマリスと恋をしたが、ロックの健康問題と年齢が26歳も年下だったので結婚には成らなかった。ダマリスが結婚してマシャム夫人となった後も、ふたりの友情は生涯変わらず、晩年はマシャム家に移り住み、不思議な三角関係の生活をおくる。最期はダマリスに看取られて亡くなった。

さらに詳しい内容については
▶ 清水書院　人と思想⑬
『ロック』　田中・浜林・平井・鎌井
共著　を参照

名言集

● 最初に感覚のなかにあったもの以外には、なにも精神のなかには存在しない

● ここでは、どんな人間の知識も当人の経験を超えることはありえない

● 新生児を注意深く観察してみれば、赤ん坊がたくさんの観念をもってこの世に生まれてきたなどと考える理由は少しもないことがわかる

● 魂が知覚するのでも理解するのでもなく、魂に埋めこまれているような真理があると主張するのは、矛盾すれすれのように私には思われる

● では、精神は白紙で、なんの色もついておらず、いかなる観念ももっていないと想定してみよう。どうやって精神はそれらをそなえつけるようになるのだろうか

● 一切の知識は究極的に経験に由来する

● 何故に人間が社交するかといえば、自己の財産を保持したいからである

● いかなる人の知識も、その人の経験を超えるものではない

年　譜

西暦(年)	年齢(歳)	年　譜	参考事項
1632		8月29日、イギリス南部に生まれる	
1652	20	オックスフォード大学クライスト-チャーチへ入学、哲学・医学を学ぶ	第一次イギリス・オランダ戦争始まる
1656	24	オックスフォード大学クライスト-チャーチの特別研究員に選ばる	
1665	33	外交官秘書として、ブランデンブルク選帝侯のもとへおもむく	第二次イギリス・オランダ戦争
1666	34	アシュリー男爵（のちのシャーフツベリ伯爵）の主治医兼秘書となる	
1672	40	ぜん息に苦しめられ、静養のため一時フランスへ	アシュリー、シャーフツベリ伯爵に叙せられ、大法官になる 第三次イギリス・オランダ戦争
1673	41		シャーフツベリ、反国王派となる
1682	50		シャーフツベリ、オランダに亡命
1683	51	オランダに亡命	
1685	52		ジェームズ二世即位
1688			ジェームズ二世逃亡、名誉革命の勝利
1689	57	名誉革命の勝利により帰国	
1690	58	『統治二論』『人間知性論』出版	「権利章典」の採択
1696	64	通商植民局の委員となる	
1704	72	10月28日、死去	

和辻哲郎
日本思想界の重鎮

和辻哲郎
1889年3月1日～1960年12月26日

（和辻哲郎の言葉）

◆人間とは一定の間柄における我々自身である

　和辻哲郎は、明治末、大正、昭和の三代にかけて日本の思想界、学術の世界で大きな足跡を残した研究者です。日本を初めとする東洋の文化の研究に取り組み、特に、日本の伝統文化の研究などでも大きな業績を残しています。
　和辻にとって、「倫理と何か」という問題は終生の課題でした。この問題を考察するうえで和辻が強調した考えは、人間を1人1人孤立した個人として捉えるのではなく、社会的な存在として捉えるという視点です。人は何らかの行為を行い、それが他人に影響を与える。逆に他人の行為から影響を受ける。人と人とは行為を行うことによって双方が連関しているとともに、そうしたなかで相手の存在を相互に了解し合うというのです。和辻はこうした人間の在り方を「間柄」と呼びました。

エピソード

●夏目漱石

最も大きな精神的影響を受けた人物として、夏目漱石と父をあげている。第一高等学校で、教室の窓の外で漱石の英語の授業に耳を傾けるほどの熱狂ぶりで、東大卒業後、初めて漱石に手紙を送り、漱石の返事には「殆んど異性間の恋愛に近い熱度や感じを以て自分を注意してゐるものがあの時の高等学校にゐやうとは今日迄夢にも思ひませんでした」と書かれていた。

●皇太子妃

1958年、皇太子妃となる正田美智子様のお妃教育の講師を務めた。

●野球好き

大の野球ファンで、ラジオやテレビで野球放送を楽しんでいた。京都大学の教授時代には、同僚の天野貞祐（哲学者、文部大臣）とキャンパス内でキャッチボールをしている。

名言集

- 個人の唯一真の道徳的選択は、共同体のための自己犠牲をとおしてなされる
- 資本主義が進展すると共に、手段としての財力が強くなり、人間のほうが財の手段となり、人間が機械の奴隷にされるという傾向が生じてくる
- 成長を欲する者は、まず根を確かに下さなくてはならない。上にのびる事のみ欲するな。まず下に食い入ることに努めよ
- 教養は培養である。それが有効であるためには、まず生活の大地に食い入ろうとする根がなくてはならない
- 運命を愛せよ。与えられたものを呪うな。生は開展の努力である。生の全てを愛せよ、そして全てを最も良く生かせよ
- 私はどんなに失望している時でも、やはり心の底の底で自分を信じているようです

年譜

西暦(年)	年齢(歳)	年譜	参考事項
1889		3月1日、兵庫県神崎郡砥堀村仁豊野（現在の姫路市仁豊野）に、父瑞太郎・母まさの次男として生まれる	大日本帝国憲法発布
1909	20	9月、東京帝国大学文科大学哲学科に入学	日本、韓国を併合
1925	36	京都帝国大学文学部講師 7月、助教授となり、倫理学を担当	治安維持法・普通選挙法公布
1926	37	学生が検挙された京都学連事件で河上肇と論争	
1929	40	龍谷大学文学部講師を兼任	10月、世界恐慌始まる
1931	42	京都帝国大学教授となる	満州事変
1932	43	大谷大学教授を兼任。7月1日、文学博士の学位を授与される。学位論文は『原始仏教の実践哲学』	
1935	46	『風土』発行	
1939	50	6月、法隆寺壁画保存調査会委員となる	第二次世界大戦始まる
1941	52	12月、不敬罪容疑で起訴されていた津田左右吉の弁護のため証言する	太平洋戦争勃発
1947	58	天皇制をめぐって、佐々木惣一博士と論争 8月、第1回目の学術研究会議会員に選出される 11月、国立博物館評議員会の評議員となる	12月、新民法公布
1950	61	11月、日本倫理学会成立、初代会長に推される（死去するまで在任)	
1952	63	10月、『鎖国』にて読売文学賞受賞	
1953	64	10月、『日本倫理思想史』にて毎日出版文化賞受賞	
1960	71	12月16日、練馬の自宅にて死去	アフリカ諸国の独立相次ぐ

さらに詳しい内容については ▶ 清水書院 人と思想㊵ 『和辻哲郎』 小牧 治 著 を参照

年代順掲載思想家一覧

思想家名〈本名〉	出身地	生年	没年	ひとこと人物像
		（＊は紀元前）		
孔子	中国	*552	*479	儒学の始祖
墨子	中国	*470	*390	墨家の祖
ソクラテス	古代ギリシャ	*469	*399	古代ギリシャの哲学者
釈迦〈ゴータマ・シッダッタ〉	インド	*463	*383	仏教の創始者
プラトン	古代ギリシャ	*427	*347	古代ギリシャの哲学者
老子	中国	*400	*300	道教の始祖
アリストテレス	古代ギリシャ	*384	*322	古代ギリシャの哲学者 「万学の祖」
孟子	中国	*380	*289	戦国時代の儒学者
荘子	中国	*369	*286	老子の思想の後継者
荀子	中国	*298	*235	性悪説の儒学者
イエス		*4？	30	キリスト教の創始者
パウロ		1？	60？	原始キリスト教の伝道者
マルクス・アウレリウス〈マルクス・アウレリウス・アントニヌス〉		121	180	ローマ皇帝にしてストア哲学者
アウグスティヌス〈アウレリウス・アウグスティヌス〉		354	430	初期キリスト教会の教父・神学者
厩戸皇子（聖徳太子）	日本	574	622	飛鳥時代の政治家
最澄	日本	767	822	天台宗の開祖
空海	日本	774	835	真言宗の開祖
朱子	中国	1130	1200	朱子学の完成者
法然	日本	1133	1212	鎌倉時代の浄土宗の開祖
栄西	日本	1141	1215	鎌倉時代の臨済宗の開祖
親鸞	日本	1173	1262	鎌倉時代の浄土真宗の開祖
道元	日本	1200	1253	鎌倉時代の曹洞宗の開祖
日蓮	日本	1222	1282	鎌倉時代の日蓮宗の開祖
トマス・アクィナス〈トマス・アクィナス〉	イタリア	1225	1274	中世ヨーロッパの神学者
一遍	日本	1239	1289	鎌倉時代の時宗の開祖
ピコ・デラ・ミランドラ〈ジョバンニ・ピコ・デラ・ミランドラ〉	イタリア	1463	1494	イタリアの人文主義者
マキャベリ〈ニッコロ・マキャベリ〉	イタリア	1469	1527	イタリア、フィレンツェの外交官
王陽明	中国	1472	1529	中国，明代の儒学者
コペルニクス〈ニコラウス・コペルニクス〉	ポーランド	1473	1543	地動説をとなえた天文学者
ルター〈マルティン・ルター〉	ドイツ	1483	1546	ドイツにおける宗教改革の推進者
カルヴァン〈ジャン・カルヴァン〉	フランス	1509	1564	フランスでの宗教改革の推進者
ベーコン〈フランシス・ベーコン〉	イギリス	1561	1626	イギリスの政治家・哲学者
ガリレオ・ガリレイ〈ガリレオ・ガリレイ〉	イタリア	1564	1642	イタリアの物理学者，天文学者
林羅山	日本	1583	1657	江戸時代初期の朱子学者
ホッブズ〈トマス・ホッブズ〉	イギリス	1588	1679	イギリスの哲学者
デカルト〈ルネ・デカルト〉	フランス	1596	1650	フランスの哲学者・近代哲学の父
中江藤樹	日本	1608	1648	江戸時代の儒学者
熊沢蕃山	日本	1619	1691	江戸時代の陽明学者
山鹿素行	日本	1622	1685	江戸時代の古学の儒学者
パスカル〈ブレーズ・パスカル〉	フランス	1623	1662	フランスのモラリスト
伊藤仁斎	日本	1627	1705	江戸時代の儒学者（古義学派）
スピノザ〈バールーフ・デ・スピノザ〉	オランダ	1632	1677	オランダの汎神論哲学者
ロック〈ジョン・ロック〉	イギリス	1632	1704	イギリスの経験論哲学者
ニュートン〈アイザック・ニュートン〉	イギリス	1642	1727	イギリスの物理学者
荻生徂徠	日本	1666	1728	江戸時代の儒学者（古文辞学派）
石田梅岩	日本	1685	1744	石門心学を開く
ヒューム〈ディビッド・ヒューム〉	イギリス	1711	1776	イギリス経験論の哲学者
ルソー〈ジャン・ジャック・ルソー〉	スイス	1712	1778	フランスで活動した思想家
アダム・スミス	イギリス	1723	1790	イギリスの経済学者 「経済学の父」
カント〈イマヌエル・カント〉	ドイツ	1724	1804	ドイツ観念論の哲学者
本居宣長	日本	1730	1801	江戸時代の国学の大成者

思想家名〈本名〉	出身地	生年	没年	ひとこと人物像
ペスタロッチ〈ヨハン・ハインリッヒ・ペスタロッチ〉	スイス	1746	1827	スイスの教育家
ベンサム〈ジェレミ・ベンサム〉	イギリス	1748	1832	イギリスの功利主義哲学者
ゲーテ〈ヨハン・ヴォルフガング・フォン・ゲーテ〉	ドイツ	1749	1832	ドイツを代表する文学者
ヘーゲル〈ゲオルク・ヴィルヘルム・フリードリヒ・ヘーゲル〉	ドイツ	1770	1831	ドイツの哲学者
フレーベル〈フリードリヒ・フレーベル〉	ドイツ	1782	1852	ドイツの教育家
二宮尊徳	日本	1787	1856	江戸時代の農政家
ショーペンハウアー〈アルトゥル・ショーペンハウアー〉	ドイツ	1788	1860	ドイツの哲学者
フォイエルバッハ〈ルートヴィヒ・アンドレアス・フォイエルバッハ〉	ドイツ	1804	1872	ドイツの哲学者
ミル〈ジョン・スチュアート・ミル〉	イギリス	1806	1873	イギリスの功利主義哲学者
ダーウィン〈チャールズ・ロバート・ダーウィン〉	イギリス	1809	1882	イギリスの博物学者
キルケゴール〈セーレン・オービエ・キルケゴール〉	デンマーク	1813	1855	実存哲学の創始者
マルクス〈カール・ハインリヒ・マルクス〉	ドイツ	1818	1883	ドイツの哲学者，経済学者で共産主義者
吉田松陰	日本	1830	1859	幕末の思想家
福沢諭吉	日本	1835	1901	明治時代の啓蒙思想家
田中正造	日本	1841	1913	明治時代の政治家
ニーチェ〈フリードリヒ・ヴィルヘルム・ニーチェ〉	ドイツ	1844	1900	ドイツの思想家
中江兆民	日本	1847	1901	明治時代の自由民権の思想家
フロイト〈ジークムント・フロイト〉	オーストリア	1856	1939	精神分析学の樹立者
デューイ〈ジョン・デューイ〉	アメリカ	1859	1952	アメリカを代表する哲学者
内村鑑三	日本	1861	1930	明治時代の無教会派のキリスト教者
マックス・ウェーバー〈マックス・ウェーバー〉	ドイツ	1864	1920	ドイツの社会科学者
孫文	中国	1866	1925	中華民国を建国
夏目漱石	日本	1867	1916	明治・大正時代の代表的小説家
ガンジー〈モーハンダース・カラムチャンド・ガーンディー〉	インド	1869	1948	インドの独立運動の指導者
西田幾多郎	日本	1870	1945	近代日本を代表する哲学者
レーニン〈ウラジーミル・イリイチ・レーニン〉	ロシア	1870	1924	ロシアの政治家・革命家
幸徳秋水	日本	1871	1911	明治時代のジャーナリスト，社会主義者
ラッセル〈バートランド・アーサー・ウィリアム・ラッセル〉	イギリス	1872	1970	イギリスの論理学者
シュバイツァー〈アルベルト・シュバイツアー〉	フランス	1875	1965	人道主義の思想家
ユング〈カール・グスタフ・ユング〉	スイス	1875	1961	スイスの精神分析学者
ケインズ〈ジョン・メイナード・ケインズ〉	イギリス	1883	1946	イギリスの経済学者
ヤスパース〈カール・ヤスパース〉	ドイツ	1883	1969	ドイツの実存哲学者
平塚らいてう	日本	1886	1971	近代の女性解放運動・婦人運動の指導者
ウィトゲンシュタイン〈ルートヴィヒ・ヨーゼフ・ヨーハン・ウィトゲンシュタイン〉	オーストリア	1889	1951	オーストリア出身の哲学者
ハイデッガー〈マルティン・ハイデッガー〉	ドイツ	1889	1976	ドイツの哲学者
和辻哲郎	日本	1889	1960	日本思想界の重鎮
毛沢東	中国	1893	1976	中華人民共和国建国の父
宮沢賢治	日本	1896	1933	近代の詩人・童話作家
フロム〈エーリヒ・ゼーリヒマン・フロム〉	ドイツ	1900	1980	ドイツのユダヤ人心理学者
サルトル〈ジャン・ポール・サルトル〉	フランス	1905	1980	フランスの実存哲学者
ハンナ・アーレント〈ハンナ・アーレント〉	ドイツ	1906	1975	ドイツ生まれのアメリカの政治学者
レイチェル・カーソン〈レイチェル・カーソン〉	アメリカ	1907	1964	環境問題の先駆者
レヴィ・ストロース〈レヴィ・ストロース〉	フランス	1908	2009	フランスの文化人類学者
マザーテレサ〈アグネス・ゴンジャ〉	マケドニア	1910	1997	神の愛の宣教者
カミュ〈アルベール・カミュ〉	アルジェリア	1913	1960	フランスの不条理作家
ロールズ〈ジョン・ロールズ〉	アメリカ	1921	2002	アメリカの哲学者
フーコー〈ポール・ミシェル・フーコー〉	フランス	1926	1984	フランスの哲学者
キング牧師〈マーティン・ルーサー・キング〉	アメリカ	1929	1968	アメリカ公民権運動の指導者
アマルティア・セン〈アマルティア・セン〉	インド	1933		インド生まれの経済学者

（＊は紀元前）

実力クイズ　解答

p.51	C　栄西
p.81	①A　ソクラテス
	②B　中江兆民
p.113	C　ベーコン
p.151	A　ガンジー
p.167	C　ニュートン
p.199	①B　孟子
	②A　中江藤樹
p.201	B　カント

おしまいに

似顔絵・エピソードによせて

　この本を手に取って下さった皆様、本当にありがとうございます。『覚えておきたい人と思想100人』いかがだったでしょうか？思想家100人をとり上げてイラストで紹介し、エピソードや名言などをまとめた、とっても気軽に読める一冊になっています。

　ここに登場する人物は、偉大な功績を残したすごい人たちばかりなのですが、あまりに古い時代の人のなかには、写真資料のない思想家たちもいて、実際はまったく別人のように違う顔の人もいるのではないか？とか思いながら似顔絵を描きました。

　また、いろいろ調べている中で、この話は本当のことなのか？と疑ってしまうようなとんでもないエピソードを持っている思想家がいたりすると、どんな偉い思想家も自分と同じ人間なんだと、なぜかうれしくなり、変な親近感を持ちながら似顔絵を描くのはとても楽しい時間でした。

　引用した本や検索したインターネットのサイトなど、参考にさせていただいた出典元に厚く感謝申し上げます。一覧を巻末にまとめておきました。

　『覚えておきたい総理の顔』に続き、「覚えておきたい」シリーズ第二弾として『覚えておきたい人と思想100人』の出版の機会を与えてくださり、大変うれしく思っている次第です。

思想の解説によせて

　私たちはさりげない日常を生きています。食事を取る、学校に行く、仕事をする、テレビを見るなどなど。このような毎日の生活に没入しているだけならば、別に思想家の思想を知る必要もないかも知れません。しかし、私たちはやはり人間でして、人間である以上私たちはふと自分の生き方や社会のあり方、死後の世界について思いをはせるものです。思想とは人生や社会、自然に関しての、何らかのまとまりをもった考えのことです。一言で言えば、人生観、社会観、世界観です。それを私たちは希求する存在なのです。

　自分自身の思想を築くうえで、様々な思想家の思想は絶対に必要な材料です。あるいは、私たち自身の思想は共鳴する思想家の思想そのものであったりします。そのどちらにしても、私たちは思想家の思想を抜きにして自分自身の人生観や世界観を作ることはむずかしい、そう思います。思想を知る、学ぶ意義はここにあります。すなわち、思想を知る、学ぶとは今を生きる自分の人生に意味づけをすることなのです。それにより私たちの日常の人生はより豊かなものになるのです。

　人類は2000年以上もの昔から現代まで様々な思想をつむいできました。先人が築いた思想を後続の人は学び、それを受け継ぎ、発展させてきました。思想とは先人たちの連綿としたバトンタッチの産物です。従って、それを知る、学ぶとはこのバトンタッチを担う一員になることです。先ほど思想を知る、学ぶことは自分の生き方を意味づけることであると言いました。しかし、それに加えて、先人と同じ著作を読むことで、思考をともにし、それを人類の知的遺産として後代に受け継ぐという意義もあるのです。

　例えば、古代ギリシャの哲学者プラトンの代表作『国家』や孔子の教えをまとめた『論語』は後続の思想家が何度も何度も読み返したものであるとともに、名もなき夥(おびただ)しい先人が読み続けてきた古典です。プラトンの『国家』ならば、この本は中世ヨーロッパの無名の修道士が羊皮紙に写しながら読んでいます。マルクスが『資本論』で分業を説くところで批判的に引用しています。森鷗外が最後の著作となったエッセイで論じています。こうした事実に思いをはせるならば、私たちは『国家』に親しむことにより、修道士、マルクス、鷗外と結びつくことができるのです。それはとてもすばらしいことではないでしょうか。そして、自分が理解した思想を知人に友人に家族に語ってみる、あるいはさらに学問的に深めてみる、それがささやかながらも、思想の後代への継承なのです。この本がもしかしてこうした営みにほんのわずかでも貢献できるならば、このうえない光栄です。

　最後になりますが、この著作を出版するに当たり、清水書院の中沖栄さん始め、編集部の皆さんの尽力に感謝申し上げます。

2016年　7月

絵と文　　本間　康司

執筆・監修　越田　年彦

おもな参考文献

●ひと言・思想解説

アウグスティヌス『告白』山田晶訳（『世界の名著14』中央公論新社）

アダム・スミス『諸国民の富』（三）大内兵衛・松川七郎訳　岩波文庫

アマルティア・セン『合理的な愚か者　経済学・倫理学的探究』大庭健・川本隆史訳　勁草書房

アリストテレス『形而上学』（上）出隆訳　岩波文庫

イエス『新約聖書』マタイによる福音書　日本聖書刊行会

石田梅岩『石田先生語録』（『日本の名著18』中央公論新社）

一遍『播州法語集』（『日本思想大系10』岩波書店）

伊藤仁斎『童子問』（巻之上）（『大日本思想全集』第4巻　吉田書店出版部）

ウィトゲンシュタイン『論理哲学論考』野矢茂樹訳　岩波文庫

内村鑑三『インテリジェンサー』（『内村鑑三著作集』第7巻　岩波書店）

厩戸皇子『法華義流　17条憲法』瀧藤尊教他訳　中央公論新社

栄西『興禅護国論』吉田紹欽訳注　明世堂書店

王陽明『伝習録』中巻（『世界の名著19』中央公論新社）

荻生徂徠『弁道』（『日本思想大系36』岩波書店）

カミュ『異邦人』窪田啓作訳　新潮文庫

ガリレオ・ガリレイ『偽金鑑識官』山田慶児・谷泰訳（『世界の名著21』中央公論新社）

カルヴァン『キリスト教綱要Ⅲ／1』渡辺信夫訳　新教出版社

ガンジー『自叙伝』蝋山芳郎訳（『世界の名著63』中央公論新社）

カント『実践理性批判』波多野精一・宮本和吉・篠田英雄訳　岩波文庫

キルケゴール『人生の智恵　キルケゴールの言葉』大谷愛人訳編　弥生書房

キング牧師　http://aboutusa.japan.usembassy.gov/e/jusa-majordocs-king.html より訳す

空海『弘法大師空海を読む』加藤精一訳著　大法輪閣

熊沢蕃山『集義和書』（『日本思想大系30』岩波書店）

ケインズ『雇用・利子及び貨幣の一般理論』（下）間宮陽介訳　岩波文庫

ゲーテ『若きウェルテルの悩み』高橋義孝訳　新潮文庫

孔子『論語』（下）吉川幸次郎監修　新訂中国古典選　朝日新聞社

幸徳秋水『平民新聞』第28号（『現代日本思想大系16』筑摩書房）

コペルニクス『天体の回転について』矢島祐利訳　岩波文庫

最澄『顕戒論』（巻中）（『日本思想大系4最澄』岩波書店）

サルトル『サルトル全集　実存主義とは何か』伊吹武彦他訳　人文書院

釈迦『相応部経典』桜部建訳（『世界の名著1』中央公論新社）

朱子『朱子文集・語類抄』荒木見悟訳（『世界の名著19』中央公論新社）

シュヴァイツアー『わが生活と思想より』竹山道雄訳　白水社

荀子『荀子』沢田多喜男・小野四平訳（『世界の名著10』中央公論新社）

ショーペンハウエル『哲学入門』斎藤信治訳　旺文社文庫

親鸞『嘆異抄』岩波文庫

スピノザ『エチカ』（上）畠中尚志訳　岩波文庫

荘子『荘子　第1冊』岩波文庫

『ソクラテス』（人と思想3）中野孝次　清水書院

孫文「"民報" 1周年記念講演」堀川哲男他訳（『世界の名著78』中央公論新社）

ダーウィン『種の起源』（上）小泉丹訳　岩波文庫

田中正造『治水論考』（『田中正造全集』第5巻　岩波文庫）

デカルト『方法序説』野田又夫訳（『世界の名著22』中央公論新社）

デューイ『民主主義と教育』帆足理一郎訳　春秋社

道元『正法眼蔵随聞記』山崎正一全訳注　講談社学術文庫

トマス・アクィナス『神学大全』山田晶訳（『世界の名著 続5』中央公論新社）

中江兆民『一年有半』（『中江兆民全集10』岩波書店）

中江藤樹『翁問答』（『日本思想大系29』岩波書店）

夏目漱石『漱石文明論集』岩波文庫

ニーチェ『ツァラトゥストラはこう言った』（上）氷上英広訳　岩波文庫

西田幾多郎『善の研究』岩波文庫

日蓮『報恩抄』（『日本思想大系14』岩波書店）

二宮尊徳『二宮翁夜話』（『日本の名著26』中央公論新社）

ニュートン『自然哲学の数学的諸原理』川辺六男訳（『世界の名著26』中央公論社）

ハイデッガー『ヒューマニズムについて』桑木務訳　角川文庫

パウロ『新約聖書』ローマ人への手紙　日本聖書刊行会

パスカル『パンセ：冥想録への誘い』渡辺秀訳　社会思想社

林羅山『三徳抄』（『日本思想大系28』岩波書店）

ハンナ・アーレント『人間の条件』志水速雄訳　ちくま学芸文庫

ピコ・デラ・ミランドラ『ルネッサンスの人間論―原典翻訳集』佐藤三夫訳編　有信堂

ヒューム『人性論』土岐邦夫訳（『世界の名著27』中央公論社）

平塚らいてう『平塚らいてう著作集』（1）　大月書店

フーコー『監獄の誕生』田村俶訳　新潮社

フォイエルバッハ『キリスト教の本質』（下）船山信一訳　岩波文庫

福沢諭吉『学問のすゝめ』岩波文庫

プラトン『国家』（下）藤沢令夫訳　岩波文庫

フレーベル『人間の教育』（上）荒井武訳　岩波文庫

フロイト『精神分析入門』（下）高橋義孝・下坂幸三訳　新潮文庫

フロム『自由からの逃走』日高六郎訳　東京創元社

ヘーゲル『世界の大思想12　精神現象学』樫山欽四郎訳　河出書房

ベーコン『ノヴム・オルガヌム』桂寿一訳　岩波文庫

ペスタロッチ『隠者の夕暮　シュタンツだより』長田新訳　岩波文庫

ベンサム『道徳及び立法の諸原理序説』山下重一訳（『世界の名著49』中央公論新社）

法然「大胡の太郎実秀の妻室のもとへつかわす御返事」（『日本思想大系10』岩波書店）

墨子『墨子』金谷治訳（『世界の名著10』中央公論新社）

ホッブズ『リヴァイアサン』永井道雄・宗片邦義訳（『世界の名著28』中央公論新社）

マキャベリ『君主論』池田廉訳　中公文庫

マザーテレサ『マザーテレサ最後の愛のことば』鳥居千代香訳　明石書店

マックス・ウェーバー『プロテスタンティズムの倫理と資本主義の精神』大塚久雄訳　岩波文庫

マルクス／エンゲルス『共産党宣言―英・和対訳―』武井武夫訳・編　日本青年出版社

マルクス・アウレリウス『自省録』鈴木照雄訳（『世界の名著14』中央公論社）

宮沢賢治『銀河鉄道の夜〔初期形第三次稿〕』（『ポラーノの広場』新潮文庫）

ミル『功利主義論』伊原吉之助訳（『世界の名著49』中央公論新社）

孟子『孟子』金谷治　新訂中国古典選　朝日新聞社

毛沢東『中国共産党全国宣伝活動会議における講話』（『世界の名著78』中央公論新社）

本居宣長『玉勝間』四の巻（『日本思想大系40』岩波書店）

ヤスパース『実存開明』草薙正夫他訳　創文社

山鹿素行『山鹿語録』（『日本思想大系32』岩波書店）

ユング『自我と無意識』松代洋一・渡辺学訳　第三文明社

吉田松陰『諸友に語ぐる書』（『日本思想大系54』岩波書店）

ラッセル　http://www.umich.edu/~pugwashu/Manifesto.html より訳す

ルソー『エミール』（上）今野一雄訳　岩波文庫

ルター「ルターの思想と生涯」松田智雄（『世界の名著 18』中央公論新社）

レイチェル・カーソン『沈黙の春』青樹築一訳　新潮文庫

レヴィー・ストロース『悲しき熱帯』（上）川田順造訳　中央公論新社

レーニン『国家と革命』国民文庫　大月書店

老子『老子』木村英一訳　野村茂夫補　講談社文庫

ロールズ　John Rawls, *Political Liberalism*, Columbia University Press

ロック『市民政府論』鵜飼信成訳　岩波文庫

和辻哲郎『人間の学としての倫理学』（『和辻哲郎全集』第9巻　岩波書店）

● エピソード・名言集

『「あのひとこと」知ってるつもり？　ことばのアンソロジー』日本テレビ

『アラマタ人物伝』荒俣宏監修　講談社

『生き方が変わる！空海黄金の言葉』宮下真　コスモ文庫

『偉人たちの黒歴史』偉人の謎研究会　彩図社

『一冊でわかるイラストでわかる図解日本史 100人　超ビジュアル！豊富な図版で楽しむ精選歴史人物伝』成美堂出版

『絵で読む　教科書に出てくる世界の科学者たち　真実はひとつ ガリレオ』文・後藤幹　絵・杉山薫里　汐文社

『おもしろくてやくにたつ　子どもの伝記 18 二宮金次郎』木暮正夫　ポプラ社

『怪物ベンサム　快楽主義者の予言した社会』土屋恵一郎　講談社学術文庫

ガンディー『ガンディー魂の言葉』浅井幹雄監修　太田出版

『ぎょうせい　学参まんが　歴史人物なぜなぜ事典』栗岩英雄・中村太郎監修　ぎょうせい

『教育学』中野光・平原春好　有斐閣Sシリーズ

『空海！感動の言葉』大栗道栄　中経の文庫

『空海！生の言葉』川辺秀美　ディスカヴァー 21

『現代人の悩みをすっきり解消する 哲学図鑑 恋愛やビジネスから人生観まで役立つ』小川人志監修　誠文堂新光社

『国際交流がひと目でわかる歴史人物事典』河合敦監修　PHP研究所

『この人を見よ！歴史をつくった人びと伝 21 吉田松陰』ポプラ社

『この人を見よ！歴史をつくった人びと伝 29 福沢諭吉』ポプラ社

『集英社版・学習漫画　世界の歴史　人物事典』鈴木恒之監修　集英社

『集英社版・学習漫画　中国の歴史　人物事典』長澤和俊監修　集英社

『時代を変えた科学者の名言』藤原竜　東京書籍

『新・一日一言 こころに残る名言 365』佐藤毅　河出書房新社

『漱石、ジャムを舐める』河内一郎　創元社

『誰かに伝えたい！勇気がわいてくる科学者の言葉 1　科学の扉を開いた人びと ガリレオ・ニュートン他』監修：海部宣男　金の星社

『知識ゼロからの親鸞入門』本多弘之監修　幻冬舎

『知識ゼロからの日蓮入門』渡辺宝陽監修　幻冬舎

『中国の人と思想 4　柔よく剛を制す　老子』楠山春樹　集英社

『中国の人と思想 8　老い易く学成り難し　朱子』佐藤仁　集英社

『哲学書で読む最強の哲学入門』竹田青嗣　Gakken

『哲・心が軽くなる哲学の教室』小川人志著　中経出版

『哲学大図鑑 ウィル・バッキンガムほか著』小須田健訳　三省堂

J.デューイ『学校と社会』宮原誠一訳　岩波文庫

『伝記人物事典 世界編』西山敏夫・奈街三郎・唐沢道隆・桂木寛子　保育社

『東京美術選書 65 一遍上人ものがたり』金井清光　東京美術

『東洋哲学は図で考えるともっと面白い』白取春彦監修　青春出版社

『トンデモ偉人伝―作家編』山口智司　彩図社

『トンデモ偉人伝―天才編』山口智司　彩図社

『トンデモ偉人伝―臨終編』笠虎崇　彩図社

『20世紀のすてきな女性たち 8　しあわせと平和がほしい　マザー・テレサ 田内千鶴子・上原栄子・平塚らいてう』岩崎書店

『反時代的教養主義のすすめ』長部日出雄　新潮社

『「反日思想」歴史の真実』拳骨拓史　扶桑社新書

『ビジュアル版・人間昭和史 6　行動する思想家』草柳大蔵・扇谷正造・大来佐武郎監修　講談社

『ビジュアル明治・大正・昭和　近代日本の 1000人　維新から終戦までエピソードで読む人間ドラマ』世界文化社

『ポケットに名言を』寺山修司　角川文庫

『マックス・ヴェーバー物語　―二十世紀を見抜いた男―』長部日出雄　新潮社

『みんなが知りたい！世界・日本合わせて 130人を詳しく紹介！ 世界の偉人のことがわかる本』イデア・ビレッジ　メイツ出版

『目でみる世界人物百科 5　学問・宗教人物事典』日本図書センター

『やっぱり知らないほうが幸せな話』サプライズブック

『わたしの宮沢賢治論』小西正保　創風社

『用語集 倫理　最新第二版』清水書院

『新訂版 倫理資料集 ソフィエ』清水書院

● 主な参考ウェブサイト

hhttp://www.tamano.or.jp/usr/tosinobu/syakashogai.htm/ 釈迦の生涯と教え

http://blogs.yahoo.co.jp/miniidea/34780811.html パスカルの性格 - 知識・教養ライブラリー

http://mabuchi-kinenkan.jp/history/ 賀茂真淵記念館

http://www.norinagakinenkan.com/about_norinaga/rirekisyo.html/ 本居宣長記念館

http://www.joho-kyoto.or.jp/~retail/akinai/senjin/ishida.html/ 石田梅岩と石門心学

http://www.jissen.ac.jp/jsspf/index.htm「1 ペスタロッチー全集」より / 日本ペスタロッチー・フレーベル学会

http://j-phyco.com/category2/entry12.html/ ユング心理学の世界へようこそ

http://yaplog.jp/bosai/archive/392/ 今週の防災格言 <243> 林羅山（江戸初期の儒学者）

http://homepage3.nifty.com/chomin/frame7.htm/ 随想・兆民先生行状記

http://wrekky.blog.fc2.com/blog-entry-26.html/ 世界史エピソード集

http://www.tt.em-net.ne.jp/~katsumi007/jinnmei/jinmei1012.html/ 21世紀に残したい世界の名言・格言集

http://becom-net.com/wise/tomasu.aqinasu.shtml/ 世界の名言・癒しの言葉・ジョーク

http://gakusix.cocolog-nifty.com/ikirukotoba/2013/12/post-4604.html/ 生きる言葉：名言・格言・思想・心理

http://quote.qooin.com/ みんなの名言集

http://www.oyobi.com/ 名言および格言集

http://www.kotodama.in/ 言霊 i

http://earth-words.org/ 地球の名言

http://systemincome.com/ 名言 DB　　　　　他多数

著者紹介

絵と文
本間康司（ほんま こうじ）

1968 年生まれ、東京都出身。

1993 年から共同通信配信記事のイラストに登場。似てる似てないはともかく、共同通信配信記事のイラストを中心に、新聞、本、雑誌などに今までに 3000 人以上の似顔絵を提供。

著書
『長嶋語録かるた』（日本テレビ出版 2001 年）
『覚えておきたい総理の顔』（清水書院 2012 年）
その他
「新三共胃腸薬 POP 古舘伊知郎イラスト」（2000 年）
『声と言葉の教科書 勝てる日本語勝てる話し方（福澤朗）』東京書籍
雑誌
『FLASH』光文社、『スカパー !e2TV ガイド』『デジタル TV ガイド』『スカイパーフェク TV! ガイド』東京ニュース通信社、『月刊政界』政界出版社、『政界往来』政界往来社、『ビジネスインテリジェンス』インテリジェンス出版社など、他多数

執筆・監修
越田年彦（こしだ としひこ）

1956 年生まれ、めぐろシティカレッジ振興会理事
慶應義塾大学経済学部・文学部哲学科倫理学専攻卒業
横浜国立大学大学院国際社会科学研究科博士課程修了
専門：経済倫理学，社会思想，経済教育論
主な著書・論文
『わかりやすく説く 日本経済・戦後と現在』
（五絃舎 2006 年 11 月）
『たとえと事実でつづる経済 12 話』
（山川出版社 2002 年 3 月）
「'投機の倫理学'の検討― 20 世紀初期アメリカ投機論より」（横浜国際社会科学学会編『横浜国際社会科学研究』第 17 巻第 1 号 2012 年 7 月）
「アメリカにおける投機・賭博義異論の検討―1886-1922 年」（経済学史学会編『経済学史研究』53 巻 2 号 2012 年 1 月）
「経済的市民育成の教育から資本主義的価値理念を問う教育へ」（経済教育学会編『経済教育』第 26 号 2007 年 12 月）

（世界の思想家ガイドブック）
覚えておきたい **人と思想 100 人 スマート版**

2016 年 8 月 15 日　　初版発行

絵と文　　**本間　康司**
執筆・監修　**越田　年彦**

発行者　　渡部 哲治
発行所　　**株式会社 清水書院**
　　　　　〒 102-0072
　　　　　東京都千代田区飯田橋 3-11-6
　　　　　電話　03-(5213)-7151
印刷所　　広研印刷 株式会社
製本所　　広研印刷 株式会社
　　　　　　　　　　定価はカバーに表示
●落丁・乱丁本はお取り替えいたします。

本書の無断複写は著作権法上での例外を除き禁じられています。複写される場合は、そのつど事前に、(社) 出版者著作権管理機構（電話 03-3513-6969、FAX03-3513-6979、e-mail：info@jcopy. or.jp）の許諾を得てください。

ISBN 978-4-389-50050-4　　　　　Printed in Japan